英語ぎらいもコレならわかる！

英文法の解剖図鑑

すずきひろし〔著・イラスト〕

京都産業大学英語講師 中井翔〔監修〕

青春出版社

はじめに

どんな本か

5年くらい前、カルチャーセンターさんから「初級者のための英語講座を開いてほしい」と依頼されました。「やるからには独自の教材を作ってほかの人にはできない講座にする」と約束して引き受け、教材を作り始めました。

以来、カルチャーセンターや自分の塾で、小学生から80代まで、いろいろな方たちに英語を教える中で、「どこがわからないのか」を探して、「どうやったら理解されるのか」を見つけ出してきました。その過程で何枚もの図解イラストを自分で描きました。それらを反映させたのがこの本です。

そのようにして作ってきましたから、長い間「初心者」から抜けきれない人、これから学び直そうとする人、わからないところが何だかモヤモヤある人、何かが抜けているような人、そういう方たちに、きっと「これならわかる」と思っていただけるのではないかと思います。また、英語を教える立場の方たちにも、教える上でのヒントを得ていただくことができるはずです。

80%を目指す

英文法を隅から隅まで説明する本を書いたら、百科事典のようになると思います。英語の規則性は、細かく言えばきりがなく、正確に説明しようとすれば例外の説明や多くの"場合分け"の説明が必要になります。でも、この本を読もうとする人が期待するのはそこではないでしょう。

「重箱の隅」に行くのはまだ先でよい。とにかく先に「ど真ん中」から攻めていくという考えの本です。

「こう説明すれば80%以上は正しい」

そういった考え方で英文法としての「規則性の単純化」をして説明しています。

例えば、小さい子に「鳥って何？」ときかれれば、「空を飛ぶ動物」と答えます。じゃあ「コウモリも鳥だね？」ときかれたら「いやそれは……」となります。「魚は水の中で生活する動物」という説明も同様で、イルカやクジラの説明が必要になります。

この本の中で説明しているのは、「鳥は空を飛ぶ動物」のような単純化をした説明で、「これを知っていればだいたいわかる」を狙ったものです。

ものごとは、80%を達成するのはやさしいが、それ以上はどんどん難しくなり時間や労力がかかるものです。

この本ではその80%を狙っています。80%がわかった後は、より高度な参考書や辞書で勉強を進めるようにしてください。

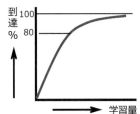

扱っている内容

内容としては、第一にいちばん大事な「品詞と文型」をできるだけ感覚的にわかりやすく説明します。第二にその基本文型で作ったかたまりをつなげて発展させていくしくみを説明します。第三に、多くの人がつまずいている項目を解いていきます。レベルとしては中学1年から3年生部分が中心で、一部に高校で習う部分も含まれています。

ただ、「この本だけでなんでもわかる」というものでもありません。200ページ弱の本書は分量的には中学の教科書の1学年分くらいです。その中に「すべて」を入れることはできません。一般の教科書や参考書でも十分理解しやすい部分（疑問文の作り方や否定文の作り方など）についてはほとんど触れていません。

この本では最初に知るべき**「基礎の基礎」**と**「みんながつまずく迷子項目」**を中心に扱っています。みんながつまずく3大項目は、**to不定詞、過去形・過去分詞、～ing**です。関係代名詞やSVOCを加え、質問の多い「時制」を最後に扱います。

「英文法は難しい」と感じる人へ

◆品詞はイーゼル、文型がキャンバス

　たとえ話をします。絵を描こうとします。必要なものは？　ときかれて「絵の具」と答える人がいると思います。そうでしょうか？

　英語で言えば、絵の具に相当するのが単語です。確かに単語がわからなければどうにもなりませんが、絵の具だけでは絵が描けません。描くためのキャンバスが必要です。キャンバスに相当するのが「文型」、つまり「文のパターン」です。「文のパターン」を理解するには、「品詞」を理解する必要があります。絵で言えばキャンバスを立てかけるためのイーゼルです。

　イーゼルがあってキャンバスがあって、絵の具があって……。さて、ほかにも欠けているものがあります。筆などの道具です。英語で言えば文型以外の「細かい文法項目」に相当するものです。

　とにかく絵の具（単語）を集めて取り組む人がいますが、それではうまくいきません。筆（細かい文法）をたくさん品定めする人がいますが、それでも不十分です。肝心のキャンバス（文型＝文のパターン）を準備しなければなりません。そのためにはイーゼル（品詞）の役割を理解することが必要です。

　この本の前半では、イーゼルとキャンバスの話をします。単語や詳細の文法知識などの「画材」をすでに持っている人は、これを見るだけで一気に英語が見えてくるかもしれません。

　これから「いちから」やってみようという人は、この前半部分をじっくり読んで理解してから先に進んでください。

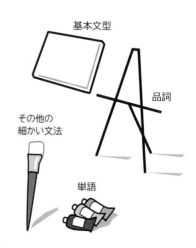

基本文型

品詞

その他の
細かい文法

単語

◆歩きなれた道を作る、それが積み重ね

　英語を学ぶ上で、「途中から頑張る」ことはできません。最初のところで乗り遅れた人は、最初に戻らなければなりません。道の途中から頑張ろうとする人は、必ず迷子になり、努力を続けても迷子の状態は続きます。単語の意味を拾って、「なんとなくわかるかも」という状態を続けるだけです。文法も勉強するけれど、「なんとなくわかったような気持ち」のまま、いずれ忘れてしまいます。

　またたとえ話をします。毎日、ゴールを目指して出かけるとします。地図を片手に、徐々に道を覚えて、日を重ねるごとに、より遠く、よりゴールの近くまで行けるようになっていきます。

　その場合、毎朝通るところは同じです。初日はA地点まで行けた。2日目はA地点を越えてB地点まで行けた。3日目はA、B、Cを通ってDまで行けた。こんなふうに進んでいきます。4日目くらいになると、A地点は毎朝繰り返して通っているので目をつぶっても行けるような感覚になります。さらに繰り返せばBもCも同じようになっていきます。

　英語で言えば、AやBは基礎の基礎である品詞や文型。毎日のことだからごく自然に理解でき、いずれ「あたりまえ」になっていきます。より遠くに進んで、to不定詞や関係代名詞くらいになると、それが「あたりまえ」になるには少し時間はかかりますが、日々継続していれば、それがいずれは「あたりまえ」に変わっています。「〇〇用法」というような区分や説明は、「あたりまえ」になるまでの「理解のための過程」です。ゴールはもっと先で、実際の英文の意味を「あたりまえ」に、自動的に認識できるようになることです。

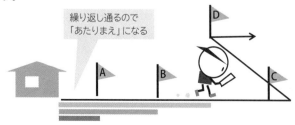

繰り返し通るので
「あたりまえ」になる

◆「英語は幾何学」

生徒さんたちに説明してきた中で、「英語は幾何学」という言い方がいちばん効きました。その説明をします。

日本語には「格助詞」（を、は、が、など）があって、それが語と語を結んで、それらの「相互関係を表す」ことで意味を伝えています。例えば「動作する側」なのか「動作される側」なのかは「が」「は」「を」などで表します。

日本語というのは、「は」「が」や「です」などの助詞を使って形を整えると不思議に意味をなしてしまうような言語なのです。

ところが英語にはその機能がありません。では、何がその「関係」を表すか。それは「語順」です。

日本語は「は」「が」「を」などの格助詞のおかげで語順を変えても意味は大きくは変化しませんが、英語では動作側（する側）と被動作側（される側）が入れ替わると意味が変わってしまいます。しかも、「このタイプの語の後にはこのタイプの語はつなげられない」「ここには別の語がこないと成り立たない」といった、**語順に関わるルールが英語にはたくさんあります**。

例えば、動詞の中の「他動詞」は、後ろに「目的語」としての名詞がきてくれないと安定しません。目的語がなかったり、語順が変われば崩れてしまいます。（イメージだけ図示します）

目的語がないと他動詞は崩れる 　順序を替えると語と語の関係が崩れる

「自動詞」は後ろに語が来なくても安定しますが、逆に名詞をつなげようとすると「つなぎ部品」としての前置詞を使わなければなりません。

主語だけで自動詞は安定している
（目的語をつなげられない）　　名詞をつなげるにはつなぎ（前置詞）がいる

このように英語は、ちょうどいろいろな形の積み木を積み上げるような、またはブロックを組み上げるようなイメージの言語です。それを私は「**幾何学**」と表現します。英語が理解できている人はこの「幾何学」を自然に使っていますが、できていない人はそれができていない場合が多いようです。この本ではその説明をしていきます。

幾何学で考える文型（文のパターン）

学校で「文型」という用語を習います。用語ときくと何か嫌な気持ちになる人もいるかもしれませんが、「**文型**」とは「**文のパターン**」です。そう聞くと、「なんだか便利そう」と思えませんか。

中学1年で勉強するのは3つの文型です。このおさらいを「幾何学」で考えていきます。それがPart1の中心になります。

中学で習った最初の部分、2学期の半ば部分までは、実は一貫してこの「パターン」のすり込みが行われていました。難しくしないために、最初は時制は「現在」だけにして、肯定文から始めて、否定文や疑問文の作り方を勉強しました。

この部分は最も重要な部分です。イーゼルとキャンバスの部分です。そこで乗り遅れてしまうと、その後の中学・高校での授業はさっぱりわからなくなってしまうのです。

逆に、ここさえわかってしまえば、あとは積み上げていくだけなので勉強すればするほど順調に能力を上げていくことができます。

中学1年で乗り遅れた人は、この「パターン」から勉強し直すことが必要です。

また、しっかり理解していないまま、ダマしダマし勉強を続けていて伸び悩んでいる人は、この部分を理解すれば、欠けていたパズルのピースが埋まって、一気に理解ができるかもしれません。

◆「日本語はおばけ」

「英語は幾何学」であるのに対して、日本語は「**おばけ**」です。というのは、日本語は、「どの部分が目でどの部分が口なのか」というのが、形を見ただけではわからないのです。

　日本語の文章は形の上では「○○は××です」というパターンがほとんどです。ところが日本語ではこの形でも、英語のパターンでいう、例えば、**I am a student.**（私は学生です：S＝C）のようなSVCの「説明される対象（S）と説明する語（C）」という関係であるとは限らず、文脈によってさまざまな意味を作れます。（SやCの用語は20ページ参照）

「今日のお天気は雨です」は「お天気＝雨」ですが、

「今日のお天気は森田さんです」は、「お天気＝森田さん」ではありません。「晴れ」「くもり」のような「森田さん」というお天気区分はありません。ここでは「今日のお天気を担当するのは森田さんです」、または「きょうのお

お天気は森田さんです。　お天気は雨です。

お天気は森田さんです。

天気を森田さんが説明します」の意味ですね。「お天気は森田さん」という日本語文は助詞で整えるとできてしまう日本語の例です。

　日本語の「○○は××です」のような文章は、聞き手が話し手の言いたいことを

おばけ

は　　　です

察することではじめて伝達が可能になる文章です。「どれが鼻で、どれが目だかは見る人の解釈次第」の心霊写真のような「おばけ」のようなしくみが、日本語にはあります。

　日本語を母語にする私たちには、この「おばけ」のような「〇〇は××です」パターンがしみついています。このパターンの思考から抜け出して、SVO（22ページ）などの動詞主体の英語の幾何学パターンを頭に定着させなければなりません。

　isやare、amなどのbe動詞（32ページ）が、「です」の意味であるかのように思ってしまうと、いつでも**"I am ..."** **"This is ..."**のような文章を考えようとしてしまいます。

　「太郎はどこ？」「ああ、彼はトイレです」……**He is toilet.**　人間じゃなくてトイレ？？？　たいへんな間違いになってしまいます。

　そういう間違いをしないために、英語のパターンを理解していきましょう。

Taro is toilet.

ご注文は？

I am beer.

Contents

本文デザイン／リクリデザインワークス

まずは、品詞と基本文型

（第1〜第4文型）

　まず、イーゼルを立てて、その上にキャンバスを置いてみましょう。それがすべての始まりです。

　その上の「英語という幾何学」を描けるようにしていきましょう。

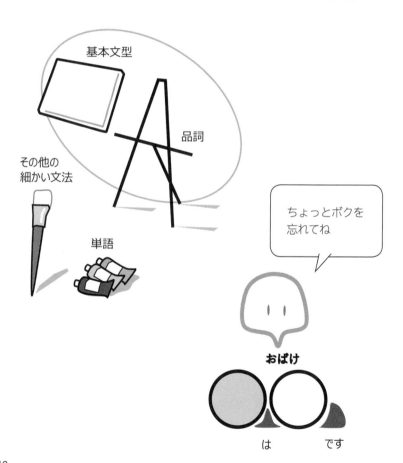

「品詞」は単語の種類の「区分」

　日本語を母語にする人にとって、「英語のパターン」、つまり「文型」を理解することが英語習得の早道であることは、よく言われます。それを説いた本はたくさんあります。私もそれは正しいと思います。

　ところが、実際は、それ以前のことが理解できていない人がたくさんいます。文型を理解するためにはそれ以前に「品詞」を理解する必要があるのです。

　さて、品詞とは何でしょうか。辞書を引いてみると「名」「形」「動」などの記号が書いてありますが、あれが「品詞」を表しています。一般的な辞書には10万語くらいの単語が出ていますが、品詞というのは、その10万の単語を「その単語ができる機能や性質」によっていくつかに区分して表示したものです。

　動物の話にたとえると、「哺乳類」という区分けがあって、人間もイヌもネコも「哺乳類」に区分されます。哺乳類は、卵でなくお腹の中で胎児を育て、生まれると母乳で育てますし、呼吸は肺でします。そういった「哺乳類共通」の特徴が、「哺乳類」という区分によってわかります。各動物の特徴を覚える必要はありません。

「品詞」も同じです。形容詞の特徴さえ知っていれば、何万語もある形容詞ひとつひとつの単語の特徴を覚える必要はありません。知らない単語でも、辞書で調べて「形」の表示があれば、「はいはい、あの特徴ね」というふうに理解できます。それが「品詞に区分けする」ということの意味です。

哺乳類共通の特徴

「品詞」はたとえば「建材」の種類分け

　別のたとえをします。品詞はたとえば「建材」です。建物を建てるための素材（板、棒、くぎなど）にたとえられます。それら建材の特徴を知っていてはじめて、建物を建てることができて、できている建物の構造を理解することができます。

　ここで、「建物」は「英語の文章」をたとえたものです。品詞（建材）を理解できてはじめて、文章の構造やパターンを理解することができます。

建物の中の役割

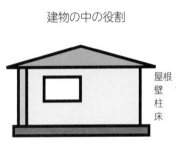

屋根
壁
柱
床

「主語」や「目的語」
「補語」などに相当

建材

板
角材
壁紙
くぎ

「名詞」「形容詞」などの
品詞に相当

「これは屋根ですか？」
「それは使われ方次第です」

「この単語は主語ですか？」
「品詞は名詞ですよ。でも主語か
どうかは、使われ方次第です」

辞書

　前に説明したように、単語を品詞に区分するのは、動物を「魚類」「哺乳類」のように区分けするのと同様です。「魚類」と区分けされていれば、エラで呼吸するとか卵で繁殖するとか、魚類に共通したそういう特徴が思い浮かびます。鯉やサメの大きな特徴をいちいち覚える必要がないのです。「川に住む」とか「海に住む」とか、そういう個々の特徴は覚えなければなりませんが。

　そういう同じ品詞の単語が持つ共通の特徴が、辞書の中では「名」とか「動」などの一文字で表されているので、「名」や「動」の記号は小さいけれどもものすごい価値があるのです。

注：単語の中には複数の品詞になるものもあります。例えば、**dance**は動詞（踊る）にもなるし、名詞（踊り、ダンス）にもなります。

名　名詞とは

　ものや人の名前。抽象的なものも含まれます。

　例えば、「**song**（歌）」「**house**（家）」「**boy**（少年）」

　「**love**（愛）」「**beauty**（美）」

動　動詞とは

　人や動物やものなどの動作や状態を言うときに使います。

　例えば「**sing**（歌う）」「**walk**（歩く）」

　「**live**（住んでいる）」「**love**（愛している）」

　ここまではたいていの人が理解できますが、形容詞と副詞が難題です。その説明を次ページでします。

形容詞と副詞

形容詞と副詞は、ともに「修飾するための語」です。その中で……。

形容詞：形容詞は「名詞を修飾する」語です。

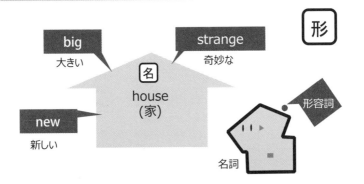

This is a <u>big</u> house.　これは大きい家だ

This house is <u>big</u>.　この家は大きい

副詞：1）副詞は形容詞を修飾します。

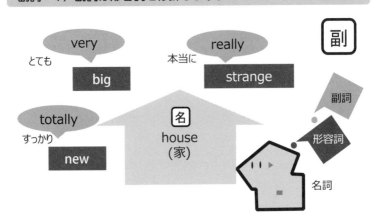

※「修飾」というのは、ほかの語句のことを詳しく説明することで、「どんな（色や大きさや所属など）」「どのように（方法など）」「どこで」などいろいろ説明することです。

副詞：2) 副詞は動詞を修飾します。（または動作全体を修飾します）

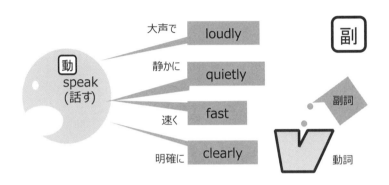

副詞：3) 副詞はほかの副詞も修飾します。

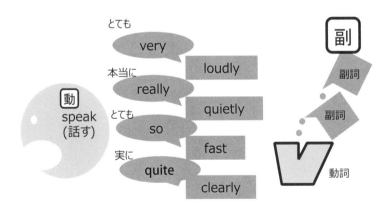

　名詞を修飾するのが形容詞で、名詞以外を修飾するのが副詞だと考えるといいでしょう。

修飾の自転車リヤカー理論

「名詞を修飾する」場合の語句の順序は、英語と日本語で異なるので概略を説明しておきます。

日本語の修飾の仕方

✎「名詞」の「名太郎」

リビングルームにある革製の新しい ソファー

日本語は、例えば「ソファー」を修飾しようとしたとき、「リビングルームにある革製の新しいソファー」などというふうに、修飾する部分はすべて修飾される語（この場合「ソファー」）の前にきます。たとえるなら、台車を押すような感じです。修飾される語が人間だとすると、その前に修飾語をつけて運びます。

ところが英語では、修飾する語句は修飾される語の前にも後ろにもつきます。では、どういう場合に前について、どういう場合に後ろにつくかというと……自転車でたとえましょう。自転車の前かごというのは、ものはたくさんは載りません。少しなら載りますが、重くなってくるとバランスが悪くなってしまいます。長いものや重いものは後ろに置いてリヤカーのようなものに載せて引っ張らなければなりません。

英語の修飾の仕方

前に載るのは「句」でない「単語」です。（「句」は38ページ参照）

a <u>red</u> cap　ひとつの赤い帽子

my <u>red</u> cap　私の赤い帽子

a <u>baseball</u> cap　野球帽（**baseball**は名詞ですが、この場合は**cap**を修飾する働きをしています）

　複数の単語が連なってかたまりとして意味をなす「句や節」は前かごに載りません。

a new sofa <u>in the living room</u>　リビングルームにある新しいソファー

（"**in the living room**"は語が連なった「句」なので前には置けません）

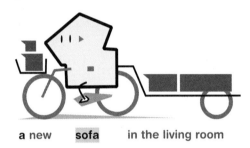

a new　　**sofa**　　in the living room

ただし、独立した単語としての形容詞を積み重ねることはできます。

my red cotton baseball cap　私の赤い綿製の野球帽

リヤカー側に置くものは、例えば下記のようなものです。

前置詞句（40ページ）

　a girl with blue eyes　青い目の少女

関係代名詞（100ページ）

　a boy who likes dogs　イヌが好きな少年

to不定詞（70ページ）

　a homework to do　すべき宿題

分詞の後置修飾（120、128ページ）

　a cap made in Japan　日本製の帽子

形容詞のあとに続く語句がある

　a basket full of fruit　果物でいっぱいのバスケット

文構造用語

文法探偵の語々郎だ。文構成の要素を表す用語を説明しよう。
「建物」にたとえたときの「屋根」や「壁」に相当する用語だ。

S
主語
（文の主役）
Subject

V
（述語）動詞
（文の支配者）
Verb

特徴

しばしば文頭に現れて目立つ存在、つまり文の主役だ。SVやSVOのパターンでは「動作主」になるが、SVCのパターンでは「説明される対象」になる。

SはSubjectの頭文字だが、たまたま主語の頭文字とも同じだから直感でわかりやすい。

特徴

品詞としての「動詞」と混同されることがあるが、述語動詞は「文の支配者」で、ひとつの文章(または節)に原則ひとつしかない。述語動詞を特定できれば文章の構造は見える。つまり、Vの前が主語(S) だ。

なれる語（品詞）

 など

なれる語（品詞）

✎文法探偵　明智語々郎

O
目的語
（される語）
Object

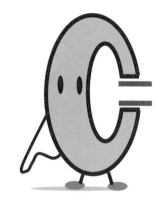

C
補語
（説明する語）
Complement

特徴

わかりやすく言えば「被動作者」または「される語」だ。その場合の「する語」はもちろんSだ。

動作の「対象（Object）」なのでOで表されるが、最初はピンとこない。そういう場合は、上の「O」に似た似顔絵を使って覚えてほしい。

特徴

こいつが一番覚えにくい。「補語って何？」と思うかもしれないが、「補う語」のことだ。何を補うかと言えば、SVCではSを補い、SVOCではOを補う。わかりやすく言えば「説明する語」だ。「補完する（Complement）」の頭文字でCだが、上の似顔絵を使って「C」を覚えてほしい。赤で「＝」もついている。

なれる語（品詞）

名

形 ＋ 名 など

なれる語（品詞）

名　形

形 ＋ 名 など

第3文型（SVO）と他動詞

　文構造の要素、S、V、Oなどがどのような文型（パターン）を作るのかを説明していきます。最初は第3文型（SVO）です。「第3」の呼び名ですが、英語ではこれが最も多いパターンです。

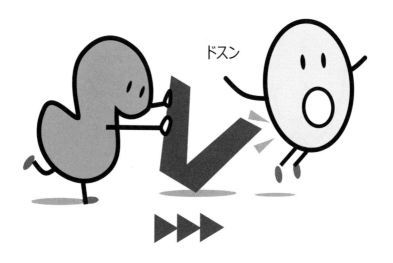

ドスン

　動作主（**S**）が被動作者（「される語」）（**O**）に動作（**V**）を作用するパターンです。**S**は「主語」、**O**は「目的語」、**V**は「動詞」と呼ばれるのが一般的ですが、**SVO**のパターンでは「動作主」と「被動作者」のほうがモデルをイメージしやすいので、ここではこの言い方を使いました。

　このタイプの動詞は目的語を取る動詞として「他動詞」と呼ばれます。「他者に作用する」「他者と影響の授受がある」から他動詞と呼ばれると考えると理解しやすいです。

　上のイラストでは**S**が「ドスン」という動作（**V**）で**O**に作用を与えているわかりやすい例を表しています。

　その作用の影響の度合いは動詞によってさまざまです。**I open the door.**（ドアを開ける）のように作用の影響が大きなものから、**I met him.**（彼に会った）のように**O**への影響が少ないものもあります。

I fill the tank.
タンクを満たす

（Sの動作がOに作用）
Oは満たされる対象

I like cars.
車が好き

（Oに向かってSの感情が向かう）
Oは好かれる対象

　いずれにしても**S**と**O**の間に作用の授受があります。これが**SVO**のパターンで、「他動詞」の働きです。

　日本語では助詞「が、は、を、に」が「動作主」と「被動作者」を明示するのに対して、英語では動作主と被動作者を語順によって明示します。語順が入れ替わると意味が逆転してしまうので、語順が非常に重要なのです。

Tom plays tennis.　トムはテニスをする

名　動　名

He has a nice racket.　彼はすてきなラケットを持っている

名　動　形 ＋ 名

We joined a competition.　私たちは競技会に参加した

名　動　名

第1文型（SV）と自動詞

次に説明するのが第1文型（SV）です。これは自分だけで完結するような動作を表すパターンです。

　前の**SVO**型とは違って、これは動作主（**S**）がほかの誰かに影響を及ぼすのではなく、自分だけで完結するような動作をするパターンです。自分だけで完結するので被動作者（目的語**O**）がありません。
　このタイプの動詞は目的語を取らない動詞として「**自動詞**」と呼ばれます。自分だけで完結するから「自動詞」です。

実際には、SとVだけでできた文章はあまり多くなく、たいていの場合は副詞語句のような修飾要素がつきます。「修飾要素」とは「説明を加える要素」ですから、わかりやすく言えば文構造に関係ない「おまけ」です。

I work hard.　私は一生懸命に働く

Iが**S**で**work**が**V**。**hard**は副詞のおまけ。

I go to school.　私は学校に行く

Iが**S**で**go**が**V**。**to school**は前置詞でできた副詞句（39ページ）のおまけ。

We live in Tokyo.　私たちは東京に住んでいる
名 動

We arrived at the station.　私たちは駅に着いた
名　動

I waited for my friend.　私は友だちを待った
名 動

I often stay at the hotel.　私はよくそのホテルに泊まる
名　　動　　　　　　（**often**は頻度を表す副詞）

前置詞句がつく場合、動詞と前置詞の組み合わせで「他動詞」のように
機能する場合もあります（97ページ）。

前置詞　　対象

I looked at the sign.　　　　　　　look　at　the sign
私はその標識を見た

　上の文章の場合の**look**は自動詞として「視線を向ける」という自分で完
結する動作を表します。他動詞と違って、「視線を向ける相手」に直接的
な作用や影響はありません。視線を向ける対象の前に**at**という前置詞が
ついて、この場合では「〇〇に」の意味がつき「その標識に視線を向けた」、
つまり自然な日本語にすれば「その標識を見た」の意味になります。

　同様に、**listen**は「耳を傾ける」の意味で
toという前置詞のあとに対象がついて、自
然な日本語にすると「聴く」。

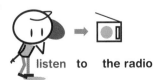

listen　to　the radio

I listen to the radio.　私はラジオを聴く

自動詞と他動詞の違いの感覚

　自動詞と他動詞は、感覚的にはずいぶん違います。自動詞と他動詞のどちらにもなる動詞もあるので、それを例に説明しておきます。

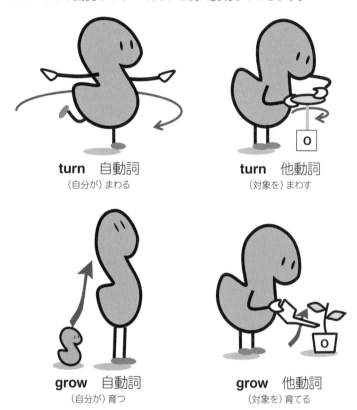

turn 自動詞
（自分が）まわる

turn 他動詞
（対象を）まわす

grow 自動詞
（自分が）育つ

grow 他動詞
（対象を）育てる

　「日本語では主語が省略される」とよく言われますが、実は目的語もよく省略されます。その理由からか、日本語でも自動詞と他動詞の違いの感覚を持っていない人もいるようです。「止まれ！」と言われたら止まりますよね？　では「止めろ！」と言われたらどうでしょう？　「何を？」と思いますよね。その「何を？」が省略されている目的語で、だから「止める」は目的語が必要な他動詞なのです。

ほかの例を挙げておきます。

動詞	自動詞	他動詞
stop	止まる	（〜を）止める
start	始まる	（〜を）始める
move	動く	（〜を）動かす
walk	歩く	（〜を）歩かせる

自動詞と他動詞を見分ける？

「直後に目的語があるから他動詞」のように「形」で判断する方法が参考書には書いてあります。または、辞書の訳語に「〜を」などの助詞がついていたら他動詞で、ついていなかったら自動詞という説明も見られます。

確かに「形の上」ではそうなのですが、形の前に「自分で完結する」のか「他者に動作する」のかの違いをイメージするのが大切です。イメージでとらえれば、逆に、「目的語を取るから他動詞、取らないのが自動詞」の感覚はたやすく理解することができます。

動詞のイルカとコウモリ

自動詞と他動詞にもイルカとコウモリがいます。「日本語的には自動詞なのに英語では他動詞」またはその逆の場合です。日本語訳語で「〜を」の助詞がつく他動詞はだいたい日本語の感覚でも他動詞なのですが、訳語にそれ以外の「〜に」「〜について」のような助詞がつく場合には、それが自動詞のように感じられ、「前置詞がいるのかな？」と思える場合もあります。

例えば、**discuss**（〜について議論する）は他動詞ですし、**explain**（〜について説明する）も基本は他動詞です。「〜に達する」の意味の場合の**reach**も他動詞です。似ている意味なのに**arrive**は自動詞で、**arrive at the station**のように前置詞を必要とします。

こうした「イルカとコウモリ」は、それほど多くはないので都度覚えて行ってください。辞書を引けば自動詞か他動詞かは調べられます。

第2文型と補語

ここまでSVOとSVのパターンを説明してきましたが、こんどは第2文型（SVC）です。これはS（主語）を説明するパターンです。

動作主ではなく
説明される対象

されるものではなく
説明する語

　このパターンの場合の**S**は、前の**SVO**や**SV**のふたつのパターンと同様に「主語」であり、文章の「主役」には違いがないのですが、この**SVC**の形が、前の**SVO**と**SV**のふたつと決定的に違うのは、**S**が動作主ではない点です。

　SVCでの**S**は動作主ではなく、**C**（補語）によって説明される対象です。**S**が**C**に作用するようなものではなく、**C**は**S**を説明しているものです。**C**は「補って説明する語」なので「補語」と呼ばれます。

　このパターンの文では、**S**の動作を表しているのではなく、**S**と**C**が「＝（イコール）」の関係にあって、**S**は説明されている対象であることを十分に理解してください。**C**には名詞のほか、形容詞もなることができます。

　He is a student.は「彼」が「**student**」に何か動作をするわけではなく、「彼自身が**student**」なのです。

Tom is a student.　トムは学生だ

名　動　名

He is smart.　彼は賢い

名　動　形

Tom is a smart student.　トムは賢い学生だ

名　動　形 ＋ 名

　Cまたは「補語」という用語は、英語を理解する上で非常に重要なのですが、「**C**」も「補語」も、どちらも初心者の方にはどうも覚え難い用語のようです。

　C（補語）がなければこのパターンは成り立ちません。"**This is.**"だけでは意味をなしませんよね。

　Cは意味を成り立たせるための「**補う語**」として理解したり、または**S**を「**補足説明する語**」として補語という用語を覚えるといいでしょう。

ボクが
いなきゃね

be動詞以外のSVC（不完全自動詞）

　SVCパターンの場合のVは、典型的にはamやisなどのbe動詞です（32ページ）。中1レベルではbe動詞のパターンしか出てきません。ですが、be動詞以外にもSVCを作ることができる動詞があります。

「感情」や「変化」

　be動詞でできた**SVC**は「**S＝C**」というふうに、**S**と**C**が糊でついたように「直結」しています。意味としては「無色透明」であって、「気持ち」などが入らない直結の「＝（イコール）」です。

　実はbe動詞以外の動詞をつけることができて、そうすることでちょっとした「色をつける」ことができます。例えば、

　She is young.（彼女は若い）の場合は「直結」ですが、

　She looks young.（彼女は若く見える）だと「主観」の色がつきます。

　I am fine.（私は大丈夫だ）は直結で、

　I feel fine.（私は大丈夫だと感じる）は「主観」が入っています。

　He is a doctor.（彼は医者だ）の場合は「直結」ですが、

　He became a doctor.（彼は医者になった）なら「変化」という色がつきます。

　これら**look**、**feel**、**become**などは**be**動詞ではない一般動詞（32ページ）ではありますが、これらも**SVC**パターンのうちです。**S**は動作主ではなくて「説明される対象」だからです。

　He saw a doctor.（**SVO**：彼は医者に会った）と**He became a doctor.**（**SVC**：彼は医者になった）は形はそっくりですが、**SVO**では登場人物は「するほう」と「されるほう」の2人いますが、**SVC**は登場人物は説明される1人だけですね。

be動詞以外を使ったSVCの例

・主観や感覚を表す動詞　**feel, look, seem, sound**

I feel sick.　気分が悪い

You look busy.　あなたは忙しそうだ

He seems happy.　彼は幸せそうだ

That's sounds great.　それはすごいね

This tastes good.　これおいしい

・変化を表す動詞　**become, get, turn, go, come**

He got angry.　彼は怒った

The leaves turned yellow.　葉が黄色くなった

Dreams come true.　夢は叶う

The egg went bad.　卵が腐った

・状態を表す動詞

He stayed awake.　彼は起きていた

He kept silent.　彼は黙り続けた

　このような動詞を不完全自動詞と呼びます。補語がなければ文章が「不完全」だからです。

ボクが
いなきゃね

一般動詞とbe動詞とは

「be動詞」、「一般動詞」と、「自動詞」「他動詞」「不完全自動詞」といった用語が出て来たので、整理しておきます。

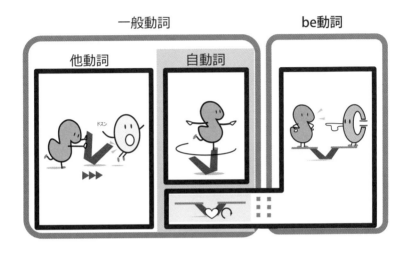

一般動詞　　　　　　　　be動詞

他動詞　　　　自動詞

　　動詞は大きく「be動詞」とそれ以外の「一般動詞」に分けられます。疑問文や否定文や命令文を作るときのルールがこのふたつで大きく変わるので、このふたつに分けておくと非常に便利なのです（182ページ）。

　　一般動詞はさらに「他動詞」と「自動詞」に分かれます。これらは前に説明済です。他者に作用するような**SVO**のパターンを作るのが他動詞で、他者に影響せずに自分だけで完結する**SV**のパターンを作るのが「自動詞」です。ただ、前ページで説明した「不完全自動詞」は「一般動詞」の中の「自動詞」のくくりになります。

　　辞書の中では、不完全自動詞もふつうの自動詞と同様に「自動詞」を表す「自」として表記されています。たくさんの意味がある動詞でも、文の形を見て「**SVC**型だ」と思ったら、「自」の項目を見るようにすると使い方や意味を効率よく調べることができます。

3つの文型 (パターン) のおさらい

主語 (**S**) というのは文章の「主役」です。でも、パターンによってその役割が異なります。

SVOでは主語 (**S**) の「動作主」と目的語 (**O**) の「被動作者 (されるもの)」の2者が登場します。

動作主　　　　被動作者
動作

My cat eats fish.

SVでは主語 (**S**) は「動作主」で、自分で完結するので目的語 (**O**) =「されるもの」は存在しません。登場するのは**S**だけです。

動作主　　(被動作者なし)
動作

My cat sleeps.

SVCでは主語 (**S**) は「動作主」ではなく、補語 (**C**) により説明される対象です。登場するのは**S**だけです。

My cat is cute.

33

念押し：品詞と文型の関係

　ここで大事な念押しをします。　**Baseball is fun.** の **baseball** は名詞？それとも主語？　この質問に瞬時に答えられない人は、一度14ページを見てから戻ってきてください。

文の中の役割

品詞

名詞、動詞、
形容詞、副詞、
前置詞、接続詞・・・

建物の中の役割

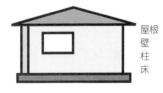

屋根
壁
柱
床

建材

板
角材
壁紙
くぎ

　この質問は、家の壁を指して、「これって壁ですか、それとも板ですか？」ときいているようなものです。壁として機能していますが材料は板です。

　つまり、上の文の **baseball** は品詞としては「名詞」ですが、文章の構造としては「主語（**S**）」として機能しています。

　家で言えば「品詞」は建材。何ができるかをカテゴリーに分類したもので、「板、棒、ガラス、くぎ」などです。それが実際に家の構造の中でどう機能しているかを表すのが文構造で言えば **S** や **V** や **O** や **C** です。板は壁にも屋根にも床にもなります。同様に、名詞は **S** にも **O** にも **C** にもなります。副詞は **S** にも **V** にも **O** にも **C** にもなれず、家で言えばカーテンのような装飾品で、外しても構造は変わりません。

述語動詞と準動詞

　混乱のもとがひとつあります。「動詞」の呼び名にはふたつあって、ひとつは「品詞」としての「動詞」と、もうひとつは文型の中の働きとしての**S/V/O/C**の中の**V**です。

　Cats eat fish.（ネコは魚を食べる）の文章の**eat**は、品詞の上では「動詞」と分類され、それが**SVO**の「**V**（動詞）」として働いていますよね。この本では後で出てくるような、もう少し複雑な文章だと、**I went shopping.**（私は買い物に行った）の文には、**went**（原形は**go**）と**shopping**（原形は**shop**）のふたつの「動詞」がありますが、文の支配者である「述語動詞」はひとつ、**went**（**go**の過去）だけです。

　品詞としての区分けである「動詞」と、文型の構造上の「**V**（動詞）」を区別するために、「文型構造上の**V**」のことを「述語動詞」と呼ぶことがあり、そう呼ぶと便利です。この本の中でもそう呼びます。

品詞としての
「動詞」

役割としての
「述語動詞」

これは芋ですか？それともおかずですか？どっちですか？

それは芋でできたおかずですよ。

幾何学と無生物主語

　日本語話者は、SVOやSVで文章を作ろうとするとき、なぜか「人間や動物以外を主語（動作主）にすること」に抵抗があるようです。でも英語は「幾何学」なので、人間や動物以外（「無生物」）が動作主になって人間が目的語になる文章はごく普通に現れます。

　「擬人化」というようなものではなく、これが英語の真骨頂。英語というのは「幾何学」なのです。

無生物からくり君

What brought you here?

何があなたをここに連れてきましたか⇒なぜここに来ましたか

His words encouraged me.

彼のことばが私を勇気づけた⇒彼のことばで勇気が出た

The book interests me.

この本は私に興味を持たせる⇒この本は興味深い

無生物主語の例　S V O

The accident caused **a traffic jam.**

その事故が交通渋滞の原因となった

The news article caught **her eye.**

そのニュースは彼女の目をとらえた

The result satisfied **us.**

結果は私たちを満足させた

The accident damaged **his back.**

その事故が彼の背中を痛めた

The bad weather stopped **me** from going out.

悪天候が私が出かけることを阻止した

This song reminds **me** of my hometown.

この歌は私に故郷を思い出させる

　英語は動作が主体になる場合が多い言語です。「動作主を主役とした幾何学」を意識して、このような英文が自然に出てくるような頭を作りましょう。

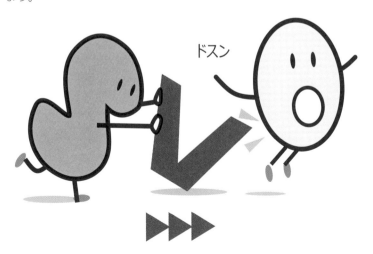

ドスン

句とは、節とは

　文法書を読むと「句」「節」という用語がよく出てきます。非常に重要なのでキャラクターを登場させました。つらなり節子さんと句未（くみ）ちゃんの姉妹です。

他人（ひと）を支えて生きております。
主語と述部を持って自立しております。

寂しがり屋で、
くっつくのが好き。
文にはなれない未熟者。
「単語以上、節未満」
なの

✎ つらなり節子

✎ つらなり句未

　大事な用語で、この用語を理解していると参考書や辞書を読む上で非常に役立ちます。
　「単語」というのは語の最小単位で、これまで「名詞」や「形容詞」「副詞」などに区分けされると説明してきたものです。ここで説明する**「句」「節」**というのはどちらも、**複数の単語の連なりのひとかたまりでひとつの品詞のような働きをする**ものです。つまり「名詞のような働き」や「形容詞のような働きをする」かたまりです。
　「句」と「節」の違いは、文の構成要素として必要な主語や述部（述語動詞）を自分の中に備えているかどうかです。備えていないものを「句」と呼び、備えているものを「節」と呼びます。

文法探偵ファイル

句と節

　節子さんはしっかり者で、文の構成要素を持っていてきちんと自立している。

　ただ、省略できる場合には主語などが省かれることがある。

　よく見ると後で出てくるマトリョーシカの体型である。（58ページ参照）

　句未ちゃんが表す「句」は、節に至らないもので、主語と述部の構成要素を自分の中に持っていない「未熟者」。自分だけでできることは限られ、誰か（名詞や動詞など）にくっついて機能する必要がある。その半面、便利で、名詞や形容詞や副詞などの顔になっていろいろなところに顔を出す人気者。

　節には接続詞に導かれるwhen節、if節、that節などがあります（61ページ）。「名詞的」に働くなら「名詞節」、「形容詞的」に働くなら（つまり名詞を修飾するなら）「形容詞節」、「副詞的」に働くなら（つまり動詞などを修飾するなどするなら）「副詞節」などのように呼ばれます。

　句の中は前置詞に導かれる前置詞句があり、これが「名詞的」に働くなら「名詞句」、「形容詞的」に働くなら「形容詞句」、「副詞的」に働くなら「副詞句」などのように呼ばれます。

　その「句」を作るときに便利なのが、次に説明する「前置詞」です。

前置詞と前置詞句

句の中で、「前置詞」という品詞の語が含まれる句がたくさん出てきます。

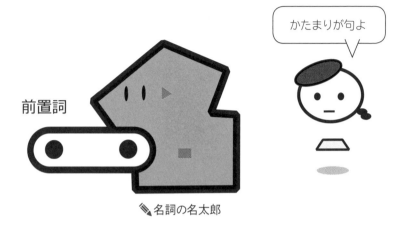

かたまりが句よ

前置詞

✎ 名詞の名太郎

「前置詞」というのは品詞のひとつで、主に名詞や代名詞の前に置かれます。「前に置かれる」から「前置詞」と呼ばれます。例えば**in**や**on**や**at**や**to**や**from**や**by**などがそれです（42ページ）。

例えば、**the station**という名詞に**to**がつくと**a way to the station**（駅への道）のように名詞（**way**）を修飾できたり、**go**という動詞にくっつくと **go to the station.**（駅に行く）のように動詞**go**に「どこへ」の説明を加えることができます。

名詞を修飾する場合、「自転車リヤカー理論」（18ページ）に従い、名詞の後ろにつなげます。動詞を修飾する場合にも、後ろにつなげます。

名詞の前にくっつくのが基本なので、例えば動詞をそのまま後ろにつけることはできません（**to**を除く）。動詞をつけるときには**ing**の形（動名詞 124ページ）に変化させてつけることができます。

Thank you for joining us.　参加してくれてありがとう

名詞を修飾（つまり形容詞の働き）

a picture <u>on the wall</u>　壁上の絵（壁にかかった絵）

a picture <u>of my father</u>　私の父の写真

a man <u>from New York</u>　ニューヨーク（から）の男

動詞を修飾（つまり副詞の働き）

She studies <u>at the library</u>.　彼女は図書館で勉強する

She works <u>for a bank</u>.　彼女は銀行のために（で）働いている。

He plays tennis <u>with his friends</u>.　彼は友だちとテニスをする

　ほかにも　**on Sunday**（日曜日に）、**in the morning**（午前中に）、**at 10 o'clock**（10時に）のように「時」を表わせます。

前置詞の例

　前置詞の数はたくさんあります。ここには代表的なものを並べました。参考に日本語訳語をつけてありますが、訳語で考えるよりもイメージで考えたほうがいいでしょう。辞書に図解やたくさんの用例が出ていますので、詳しくはそちらを見てください。

in　（内部：〜の中で、中に）

in the box　箱の中で、中に

in the park　公園で、に

in August　8月に

at　（点：〜で、〜のところで、ところに）

at the station　駅で

at 12 o'clock　12時に

on　（接触:〜の上で、上に）

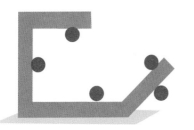

on the desk　机の上に

on Monday　月曜日に

from （起点：～から）

from Tokyo 東京から

to （到達：～へ、～まで）

to Osaka 大阪まで

about （周辺：～について）

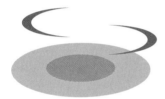

about animals 動物に関する

with （一緒に）

with me 私と一緒に

around （周り）

around noon 正午頃

for （方向：～のために）

for you あなたのために

「どどん　とん・とん・とん」のリズム

　英文というのは、いちばん大事なこと「総論」を最初に「どどん」と言って、そのあとに「各論」をふたつみっつ「とん・とん・とん」続ける場合が多いです。そのリズムを意識すると英語の理解が楽になります。

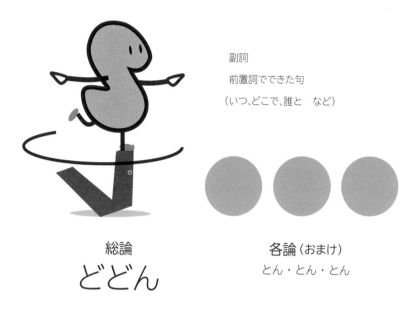

副詞
前置詞でできた句
（いつ、どこで、誰と　など）

総論
どどん

各論 （おまけ）
とん・とん・とん

　「総論」というのは「SV」や「SVO」などの文の基本構造でできていて、そのあとの「各論」は副詞や副詞句でできています。
　日本語では「各論」が先に来ていちばん大事な「総論」の部分が文の最後に来ることが多いので、この英語のリズムになかなかなじめません。英語を理解するには、また自分で英語を組み立てるには、この**「総論→各論」の英語のリズム**に慣れる必要があります。
　各論を作るのによく使われるのが前ページで説明した「前置詞」です。

SV

副詞
前置詞でできた句
(いつ、どこで、誰と　など)

下線部分が「とん・とん・とん」です。

She smiled <u>at me</u> <u>through the window</u>.

彼女は窓越しに私に微笑んだ

I walk <u>to the station</u> <u>with my friend</u> <u>every morning</u>.

私は毎朝、友だちと駅まで歩く

SVO

副詞
前置詞でできた句
(いつ、どこで、誰と　など)

下線部分が「とん・とん・とん」です。

I watch TV <u>in the morning</u> <u>in the living room</u>.

私は朝、リビングルームでテレビを観る

He studied English <u>very hard</u> <u>in the library</u> <u>today</u>.

彼はきょう、図書館でいっしょうけんめい勉強した

「とん・とん・とん」は文頭にくることもあります。

<u>At some festivals</u>, she played the drums <u>this summer</u>.

いくつかの祭りで、彼女はこの夏、ドラムをたたいた

補足：前置詞で「説明する」文章の形

もうひとつ、パターンを補足しておきます。

I'm from Australia.　　　　　私はオーストラリア出身です

That country is at peace.　　あの国は平和な状態だ

He is in the tennis club.　　彼はテニスクラブに所属しています

His pen is on his desk.　　　彼のペンは彼の机の上にある

　中学1年の教科書の最初に "**I'm from Australia.**" のような自己紹介文章が出てきます。この形も**from Australia**という句が主語（**S**）を説明しているので、**SVC**と同じように捉えることが可能です。

　His pen is on his desk.の**is**は「（場所に）ある」の意味で、この場合の**on his desk**は副詞句として区分できますが、**SVC**と同様に考えることも可能です。

その他の展開

　ここまでがだいたい中学1年修了のレベルです。ここまでに説明した「文章の基本パターン」が理解できていれば「キャンバスが置けた」ことになります。あとは、「絵筆」をそろえて、疑問文にしたり否定文にしたり、過去形にしたり、進行形にしたり、または**can**や**will**などの助動詞を入れたりすれば言えることがどんどん足し算で増えていきます。

　ところが「英語が苦手」と言う人はたいてい、この「キャンバス部分」をしっかり理解しないまま先に進んでしまい、結果的にいつまでも「苦手」が消えないのです。

SVO

疑問文
否定文
命令文

時制
・過去形
・現在進行形
・過去進行形
・現在完了形

助動詞を入れる
・**can**
・**will**
・**may**
・**must**

　疑問文にしたり否定文にしたりする方法は、「be動詞の場合」と「一般動詞の場合」と「助動詞が使われている場合」の3つに分けて覚えればよいので複雑ではありません。（182ページ）

　過去形は不規則動詞の過去形を暗記する必要がありやっかいですが、それができれば難しいことではありません。

　この本ではそういった部分の説明はしませんが、理解ができていない人は、教科書や参考書できちんと勉強してください。

「重要じゃない」ところが重要な副詞

文の構造の重要要素であるS、V、O、Cの中に、「副詞」という品詞の出番はありませんでした。文の構造を理解することが重要なので、その意味では副詞は重要ではありません。

でも、重要でないからこそ、文章の中のどれが副詞かを見極めることが重要になるのです。つまり「**重要じゃないから重要**」なのです。副詞や副詞句を外してみると、複雑な文章も単純な形に見えてくるのです。詳しくは52ページで説明します。

✎副詞のフクちゃん

いなくても成り立つが、
いないと物足りない。

ここでは、副詞には例えばどんなものがあるかを説明します。

16ページの説明で、「副詞は、動詞や形容詞やほかの副詞などを修飾する語」という説明をしました。この説明が代表的な副詞を表すものなのですが、この「など」がくせもので、細かく言えばもっといろいろあるのです。

例えば、文全体を修飾する副詞もありますし、接続的に使う副詞や、前置詞でできた句を修飾する副詞もあり、数値などの名詞句を修飾するものもあります。

また、一見して副詞には見えないものもあります。例えば、**He came home.**（彼は家に帰った）の**home**も名詞に見えて副詞で、「家で／に」の意味で**here**や**there**と同じように副詞として働きます。これが名詞に見えてしまうと、構造の理解ができなくなります。

一見、副詞のように見えない副詞の例（網かけ）（注：語自体は名詞の働きもできます）

時を表す副詞

I jog every day.

私は**毎日**ジョギングする（**SV**）

I played tennis yesterday.

私は**きのう**テニスをした（**SVO**）

同様に、**today**（きょう）、**tomorrow**（明日）

I'm free this morning.

私は**今朝**は空いている（**SVC**）

同様に、**this evening**（今夕）

I moved to Tokyo two days ago.

私は**2日前**東京に引っ越した（**SV**）

同様に、**last month**（先月）、**next summer**（来夏）

場所を表す副詞

I stayed home. 私は**家**にいた（**SV**）

He studied abroad. 彼は**外国**で勉強した（**SV**）

I waited outside. 私は**外**で待った（**SV**）

程度を表す副詞

She is 15 years old.

彼女は15歳だ（**15年だけ**歳を取っている） **old**を修飾 （**SVC**）

That building is 10 meters high.

この建物は10メートルの高さだ（**10メートルだけ**高い） **high**を修飾

（**SVC**）

副詞の種類と位置

　副詞を置く場所は、文頭（文の最初）や文中や文尾（文の最後）のどこか
に置かれ、場合によりさまざまですが、「だいたい」の規則があります。

大原則は、修飾する語の直前

　形容詞やほかの副詞を修飾する場合は、その直前

That's quite interesting.

それは実に興味深い

This is really nice.

これは本当にすてきだ

I like it very much.

私はそれがとても好き

Don't work so hard.

そんなに一生懸命に働かないで

前置詞句を修飾する場合はその直前

He sang only for a few minutes.

彼はほんの数分だけ歌った

He was dressed all in black.

彼は黒ずくめの服だった

動作の様態を表す副詞

　だいたい、自動詞や目的語の後「とん」

He can run fast.

彼は速く走れる

I study English hard.

私は一生懸命に英語を勉強する

　文尾に来れば「とん・とん・とん」のひとつになりますが、そうでない場合もあります。

場所（位置・方向・距離）を表す副詞：だいたい、文尾（「とん」）

He came here.

彼はここへ来た

He went upstairs.

彼は上階へ行った

SV
SVO ● ● ●

She took him home.

彼女は彼を家へ連れて行った

時点、期間を表す副詞：だいたい、文尾（「とん」）

I went there yesterday.

私はここへ昨日来た

SV
SVO ● ● ●

I met her two weeks ago.

私は2週間前に彼女に会った

決まっている頻度を表す副詞：だいたい、文尾（「とん」）

She walks every day.

彼女は毎日歩く

SV
SVO ● ● ●

I go out once a week.

私は週に一回出かける

決まっていない頻度を表す副詞：だいたい、一般動詞の前、be動詞の後（文尾の「とん」ではない）

I usually get up at 7.

私は通常7時に起床する

He sometimes plays tennis.

彼はときどきテニスをする

He is always busy. 彼はいつも忙しい

文全体を修飾する副詞：ふつうは文頭（文尾の「とん」ではない）

Probably, he is coming. おそらく彼は来る

Luckily, he won the game. 幸運にも彼は試合に勝った

文構造を理解する

中学1年で出てくる英文の多くは「どどん　とんとんとん」のリズムでできていて構造を理解するのはそう難しくはありません。でも中学2年くらいから、文章が長く、複雑になってくると、構造が見えにくくなってきます。

そういった場合には、余計な部分を外して見てみましょう。

SやVやOやCの構成要素は、建物でたとえれば屋根や柱や床や壁です。副詞や副詞句などの修飾要素は、建物でたとえればカーテンや家具などの装飾品です。建物の構造を理解したい場合はそれらの装飾品を外してみると見えてきます。**副詞や副詞句を外してみればSやVやOやCが見えてきて、特に「文の支配者」である述語動詞（V）が見つかればわかったも同然**です。

それでもわかりにくかったら、名詞を修飾している形容詞や形容詞句を外してみましょう。

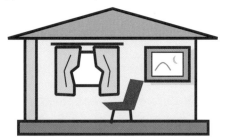

構造が見えにくかったら

修飾部分（おまけ）を
外してみる

副詞

前置詞句

余計なものが無くて
構造が見やすい

修飾部

修飾部分を外してみると構造が見えるぞ！

外すとわかる！

S V O

副詞句 副詞

ボクはいなくてもいいから、わからなかったら外してみてね

副詞のフクちゃん

先を見て理解

慣れてくれば、外さなくても即座に構造が見えるようになります。

初見の文章でも、読み上げている部分の先を見ながら瞬時に構造を判断しながら読むことができるようになります。

譜面の先を見ながら楽器を演奏する要領と同じです。

「面倒だから」と、構造を無視して単語だけを追って意味を推察する読み方をしていると、どれだけの量を読んでも英語のパターンが身につくことはなく、その努力は無駄になってしまいます。構造を理解しながら読み続けると、少ない量でも英語のパターンは身につきます。

授与動詞とSVOO（第4文型）

　ここまで**SVO**、**SV**、**SVC**の3つの文型の話をしましたが、ここでは4つ目の文型の話をします。このあたりから中2の項目です。

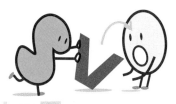

I gave him.
私は彼にあげた

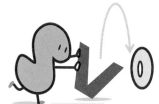

I gave chocolate.
私はチョコレートをあげた

I gave him chocolate.　私は彼にチョコレートをあげた

　動詞の中には「（何かを誰かに）してあげる」といったタイプのものがいくつかあります。日本語で言えばたとえば「彼にチョコレートをあげる」「母に手紙を送る」「父にシャツを買ってあげる」のようなものです。
「誰に」と「何を」のふたつの目的語が存在できるわけで、それぞれの目的語を別々の文章にすることも可能ですが、合体させてふたつの目的語（誰に・何を）を入れることが可能な場合があります。こうして**O**をふたつ取るパターンの文を**SVOO**（第4文型）と呼びます。**"Give me chocolate構文"**と覚えたらどうでしょう。
　必ず「誰に」を先に置くのが英文法の幾何学のルールです。この「誰に」のこと、ここでは**him**を「間接目的語」と呼び、与えられる対象、ここでは**chocolate**を「直接目的語」と呼びます。

　どのような動詞でもふたつの目的語を取れるわけではなくて、このパターンがとれるのは「誰かに何かをあげる、誰かに何かをしてあげる」ようなタイプの動詞に限られます。これらは「授与動詞」と呼ばれます。

　SVOOは**SVO**に書き換えることもできます。その場合、相手（「誰に」）を表す名詞の前の前置詞が**to**を取る場合と**for**を取る場合があるので並記します。

　toを取るか**for**を取るかは、一般に動詞で決まります。ものが直接的に移動する動詞の場合には**to**をとり、直接的ではなく恩恵などがじわじわ伝わるような動詞の場合には**for**がつくと捉えると理解しやすくなります。

toを取る場合

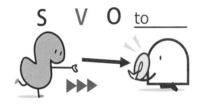

Please give me something.　　私に何かをください

≒**Please give something <u>to me</u>.**

She sent me photos.　　彼女は私に写真を送ってくれた

≒**She sent photos <u>to me</u>.**

He showed me a picture.　　彼は絵を見せてくれた

≒**He showed a picture <u>to me</u>.**

forを取る場合

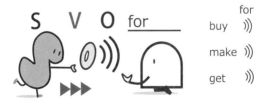

She bought me a gift.　　彼女は私にギフトを買ってくれた

≒**She bought a gift <u>for me</u>.**

I'll make you some soup.　　あなたにスープをつくってあげる

≒**I'll make some soup <u>for you</u>.**

ここまでの復習

基本部分を「どどん」と言って、副詞や前置詞句で「とん・とん・とん」

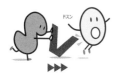

I have **shoes** in my bag.
バッグの中に靴を持っている

I play **soccer** at school every day.
毎日学校でサッカーをする

I know that girl in an apron.
私はあの、エプロンをした少女を知っている

She has a lot of books about cooking.
彼女は料理に関するたくさんの本を持っている

She learned **it** from her father.
彼女はそれを父親から習った

He works for a company in Tokyo.
彼は東京にある会社で働いている

He lives near my house.
彼は私の家の近くに住んでいる

He walks to his office every morning.
彼は毎朝会社まで歩いている

He sometimes talks too much.
彼はときどきしゃべりすぎる

He always complains about his job.
彼はいつも仕事について文句を言う

前置詞　対象

He is now working on a new project.
彼は今、新しいプロジェクトに取り組んでいる

I heard of the news two days ago.
私はその知らせを2日前に耳にした

He called on me with his wife this morning.
彼は今朝、彼の妻といっしょに私を訪れた

He is **a student** from London.

彼はロンドン出身の学生だ

His favorite sport is **soccer**.

彼の大好きなスポーツはサッカーだ

Soccer is very **popular** in his country.

サッカーは彼の国ではとても人気がある

He is **interested** in Japanese culture.

彼は日本の文化に興味がある

He looks really **tired** lately.

彼は最近、ほんとうに疲れているように見える

That sounds **strange** to me.

それは私には奇妙に聞こえる

This book is about classic music.

この本はクラシック音楽に関するものだ

It's mainly for future musicians.

それは主に未来の音楽家のためのものだ

I'm in trouble with my parents.

私は両親と面倒なことになっている

They are strongly against my plan.

彼らは私の計画に強く反対している

That sounds like fun.

面白そうだ

My sister teaches **me** **English** at home on Sundays.

私の姉は日曜日に家で私に英語を教えてくれる

She often gives **me** **some good advice**.

彼女はよく私によい助言をくれる

She bought **me** **a book** at the mall last week.

彼女は先週、モールで私に本を買ってくれた

マトリョーシカで理解する英語の構造

中2レベルになってくると、複数の文章の要素が結びついた少し複雑な表現が出てきます。

理解しやすいように、「マトリョーシカ」のイメージで理解していきます。

「マトリョーシカ」はもちろん文法用語ではありませんが、このたとえがいちばん理解されやすいようです。

✎マトリョーシカ体型の節子さん

マトリョーシカ：単純な「重文」

「入れ子」ということばは、多くの人にとってはなじみがないかもしれません。文法書でもそのような表現はあまり出ませんが、「入れ子」という表現がとてもわかりやすいので、ここではこの用語を使います。

「単純な」マトリョーシカ

I went to a restaurant and I had lunch.

　箱を開けたらその中にまた箱があるようなマトリョーシカを想像してください。マトリョーシカはロシアの民芸品の人形です。

　ここでは「英語の入れ子構造」をわかりやすくするためにマトリョーシカでたとえます。ただ、英語の入れ子構造はふつうのマトリョーシカよりもう少し複雑です。

I went to a restaurant and I had lunch.

レストランに行って昼食を食べた

　この文は、ふたつのことを**and**という接続詞でつなげたもので、「入れ子」というより、ふたつの中間を**and**という接続詞で結んだ、ただの合体です。

マトリョーシカ：「等位接続詞」重文

　ふたつの節の間を接続詞でただつなげただけの形の文を「重文」と言い、このようなタイプの接続詞を「等位接続詞」と呼びます。**and**のほか**but**や**or**や**so**もその仲間です。**節と節のちょうど間でつなぐような接続詞のタイプ**です。

共通部分は省略される

間でつなぐ

I went to a restaurant and had dinner.
私はレストランに行ってディナーを食べた。
接続詞のあとの部分（節）では、前と同じ部分（主語など）は省略できるので、上の例では "I" が省略されています。

We can see a lot of flowers and have delicious food there.

私たちはそこでたくさんの花を見ておいしい食べ物を食べられる

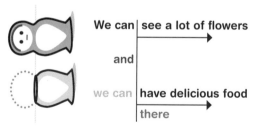

We can | see a lot of flowers

and

we can | have delicious food
there

　パラレル：この場合では「**see**と**have**がパラレル（平行）」というふうに考えます。重文ではこのように構造を見ることが必要になります。

マトリョーシカ：「従属接続詞」複文

時間の前後関係を表す**when, before, after**や原因・理由を表す**because, since**、譲歩を表す**though**などの接続詞を使った文も「合体」です。ですが、前の「等位接続詞」とはつなげ方が異なります。**つなげる側の節の最初に接続詞ががっちりくっついているタイプ**です。

体にがっちり

He was sleeping when I came home.

私が家に帰ったら彼は寝ていた

When I came home, he was sleeping.

このような接続詞を従属接続詞と呼び、従属節（修飾するほうの節）の頭に接続詞をつけて、主節（大事なほう：修飾される節）とつなげます。接続詞が従属節を「従えている」のです。そのかたまりとして、主節にくっつきます。主節の前でも先でもつけることができますが、主節の前につく場合には区切りを示すために節の終わりに「カンマ」をつけます。

従属接続詞の場合は、等位接続詞の場合のような主語などの省略はできません。

When he is at home, he feels relaxed.

彼は家にいるときリラックスした気分である　（heは省略できない）

意味としては、主節が主役で、従属節は「〜なので」「〜とき」など、全体として「副詞」のような働きをしています。ですから「副詞節」と呼ばれます。

練習：言い換えてみます

「一生懸命に勉強したので疲れた」

 I studied hard so I'm tired.

 I'm tired <u>because I studied hard</u>.

 <u>Because I studied hard</u>, I'm tired.

「一生懸命に勉強したけど疲れていない」

 I studied hard but I'm not tired.

 I'm not tired <u>though I studied hard</u>.

 <u>Though I studied hard</u>, I'm not tired.

文法探偵のプロファイリング

「平行」を見つける（1）

例えば、

I feed my dog, clean its house, and check its health. のように、
3つのことを**and**の意味でつなげるとき、**and**は3つめに入れるだけでよく、
その前は**and**の代わりにカンマを入れます。しかも主語などの共通部分
がふたつめの以降の節では省略されるので、一見わかりにくくなります。
そんなときも冷静に「パラレル」（63ページ）を見つけます

I feed my dog, clean its house, and check its health.

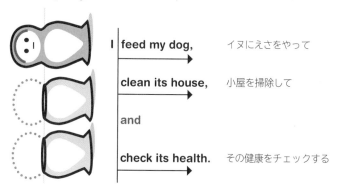

I **feed my dog,**	イヌにえさをやって
clean its house,	小屋を掃除して
and	
check its health.	その健康をチェックする

I couldn't eat any food or drink even water.

私は食べ物を食べられず、水さえ飲めなかった

（**drink**の前のIが省略。否定のつなぎは**or**）

It is easy for him, but difficult for me.

それは彼には簡単だが私には難しい（**difficult**の前の **it is** が省略）

Her shirt is nice, but mine is not.

彼女のシャツはすてきだが、私のは違う（**not**のあとの**nice**が省略）

接続詞を使った複雑な文でも、平行関係が見えれば構造がはっきり見え
てきます。中学の教科書には説明があまり見られませんが、非常に重要で
す。

入れ子式マトリョーシカ構造（複文）

　ここまでは単純なマトリョーシカの接続でしたが、ここから難しくなります。

　次のような文章は「入れ子構造」です。

I think（that）he is coming.

彼は来ると私は思います（**that**は省略可）

I think | he is coming |.

名詞節

入れ子

S
V

he is comingというのは
文章の体裁を持った「節」
でございます。

　　he is coming の節（38ページ）がかたまりとなって名詞の役割をして**think**という他動詞の**O**（目的語）として機能しています。**he is coming**という**SV**の節が**I think X**の文章の**X**の中に「入れ子」として入っているのです。「マトリョーシカを開けたら、お腹の部分に小さなマトリョーシカがいた」というような感じです。

ちょっと挑戦して**SVOO**の文型での入れ子構造に応用してみます。

He told me the truth.　彼は真実を私に伝えた

これは入れ子のない**SVOO**の文ですが、この**the truth**の部分に入れ子を挿入します。

```
He told me the truth.
S   V    O    O
```

```
He told me │ that he met my mother.
S   V    O   O
```

He told me that he met my mother.

彼が私の母に会ったと（いうことを）彼は私に伝えた

この文では**that he met my mother**という「節」が入れ子となって、**told**のふたつめの目的語（直接目的語）になっているわけです。

SVCの文型では

```
His answer was │ that he didn't like it.
S       V          C
```

His answer was that he didn't like it.

彼の答えは彼がそれを好きではないということだった

that he didn't like itという節が入れ子となって補語（**C**）として機能しています。

このような入れ子が複雑になった文章が出てきますが、入れ子である「節」をかたまりとしてとらえて考えることが必要です。

マトリョーシカ：「従属接続詞」のthat

これは前の「入れ子の**that**」と似ていますが、主節のあとに**that**節が並んで働く形で、内容や理由や結果を説明する言い方です。中学では出てきませんが、よく使う言い方です。

I'm sure（that）he is right.

彼は正しいと私は確信している

（**that**節は内容）

I'm sorry（that）I'm late.

遅れてすみません

（**that**節は理由）

前のページの**that**の節は全体が「名詞」の働きをして、「入れ子」として**S**や**O**や**C**の形に収まっていましたが、このページの**that**は、主節のあとに**that**節が並んで、「副詞」のように主節を説明するものとして働いています。この使い方では**that**は省略されることがあります。

so～that...の形で「とても～なので」という言い方もできます。

I was so busy that I couldn't have lunch.

私はとても忙しかったので昼食をとれなかった（主節は程度で**that**節は結果）

入れ子：間接疑問文（1）疑問詞

　疑問文を、直接きくのではなくて「間接的」に「知ってる？」ときく言い方があります。「間接疑問文」と言いますが、これも「入れ子」です。

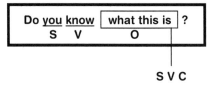

これが何だかわかりますか？

> **What is this?**　これは何ですか？
> 　という疑問文を、直接きくのではなくて「間接的」に「知ってる？」ときく言い方です。
> 　**Do you know this?** の文の目的語（**O**）である**this**に相当する部分を入れ子にしています。
> 　疑問詞を含む節の中の語順は平叙文と同じにします。疑問文にする際の、be動詞の順序入れ替えや、頭に**Do**や**Does**をつけたりする手続きはいらず、平叙文と同じにします。

Where can I pay?　どこで支払えますか？

→
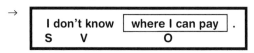

　どこで支払えるか知りません

What do you want?　何が欲しい？

→
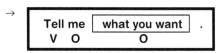

　何が欲しいか言ってください

67

入れ子：間接疑問文（2）疑問詞以外

間接疑問文にはもうひとつあります。

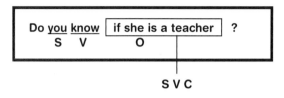

Do <u>you</u> <u>know</u> | if she is a teacher | ?
S   V   O

S V C

彼女が先生かどうか知っていますか？

前ページの例は疑問詞がついた疑問文ですが、疑問詞のない "Do you 〜"
や "Is he 〜" などの、"Yes" や "No" で答える疑問文が間接的な疑問とし
て入れ子になる場合には、**whether**や**if**が使われます。
　この**if**は「もし」ではないので注意してください。

Is he coming?

→**I don't know whether he is coming（or not）.**

彼が来るかどうかはわからない

Do you like it?

→**I wonder if you like it.**

気に入ってくれるでしょうか

ifを使ったこういう言い方もあります。

Is this right?

→**I'm not sure if this is right.**

これが正しいか確信がありません

複雑な文構造を解く

　ここから先、関係代名詞や後置修飾などもっと複雑な文章が出てきます。節や句がたくさん入った文章には品詞としての動詞がたくさん含まれています。そういった複雑な文章の構造を理解したいとき、**まず大きなマトリョーシカの「支配者」である述語動詞を見つけます**。それが見つかれば、述語動詞の前が主語（Ｓ）です。いくら修飾部分で大きくなっていても「Ｓのかたまり」です。述語動詞の後の目的語などの置き方を見ていけば文章全体の構造は見えます。

　わかりにくければ副詞などの「おまけ」を外してみます（52ページ）。

　そういう見方をしていけば、文の構造は見えてきます。複雑なマトリョーシカなら、さらにその入れ子の節の述語動詞を見つけます。

A man in a strange jacket asked me if I had the same jacket.

askedが述語動詞なのでその前の**a man in a strange jacket** が主語（Ｓ）。述語動詞の後の**me**が間接目的語で**if**から後が名詞節で直接目的語。**if**の節の述語動詞は**had**。（奇妙なジャケットを着た男が私に同じジャケットを持っているか尋ねた）

　最初は時間がかかっても、「できない⇒できる」に変われば、あとは進歩が待っているだけです。「速くできる」からさらに「瞬間的にできる」になるように練習します。

69

簡単そうで難しい強敵、to 不定詞

節になれない半人前。簡素だからやっかいな難敵、to不定詞です。

主語がつかない半人前
なの。そんな私って、
扱いにくいかしら

　to不定詞は、文の要素がそろっていないので、「句」の仲間です。

　形で言えば「**to**＋動詞の原形」、つまり、**to do**とか**to play**や**to be**のような形です。

　なぜ「不定詞」と呼ばれるかと言うと、ふつうの動詞の使い方と違って、その動詞の人称（誰）や時制（いつ）が「定まって」なく「不定」だからです。「不定」なので動詞はいつも変化しない「原形」で、to不定詞はその前に**to**がつく形です。

　中学生のとき、ここで脱落した人も多いと思います。構造は簡素なのですが、簡素だからこそ、わかりにくいのです。

　一度理解してしまえば、後に出会う文章で繰り返し出てくるので自然に頭に定着していきますが、理解できないで先に進んでしまうと、いくら出会っても理解できないままになってしまいます。

　その意味で、英文の構造を理解しないで読む癖がついてしまうきっかけになる項目かもしれません。正念場です。

to不定詞の3つの用法

　to不定詞は見逃されやすい最大の難敵です。このくせものは、3つの
用法に分けて攻略します。なぜかと言うと、to不定詞は大きく分けて3種
類の異なる役割をすることができるからです。

名詞的用法

形容詞的用法

副詞的用法

　3つの用法とは、「名詞的用法」「形容詞的用法」「副詞的用法」です。中学
でもこの3つの用法のことは習うのですが、その時点で「形容詞とは何か」
「副詞とは何か」が理解できていないと、先生の言っていることが理解できな
くなります。ここでつまずいてしまう人が多いのです。腰を据えて見て行き
ましょう。
　toのあとの動詞のあとには目的語や修飾要素などを続けることができま
す。名詞的用法のように、かたまりの「句」として「入れ子」のような使われ
方をすることもあります。

to不定詞：名詞的用法

　その名の通り、名詞として機能する用法です。to不定詞の部分が「入れ子」になっています。

My job is **to teach math**.
S　V　　　C

名詞の働きでC

To play the guitar in this band is fun.
S　　　　　　　　　　　　　　　　V C

名詞の働きでS

入れ子のように
おさまっています。

　日本語で「教える」は動詞で、それを名詞のように扱うには「教えること」の形にします。英語でも同様に、動詞を「～すること」のように扱えるようにするのが「名詞的用法」ということです。
「名詞の役割をしているな」とわかりやすい使い方の例は、
　My job is to teach math.　私の仕事は数学を教えることだ
　⇒**to teach math**が名詞句として補語（**C**）になっています。
　To play the guitar is fun.　ギターを弾くことは楽しい
　⇒**to play the guitar**が名詞句として主語（**S**）になっています。そのあとに**in this band**（このバンドで）のような修飾部をつけることも可能です。

重要なのは、「名詞的用法」の場合、to不定詞が入れ子になってSかOかCのどれかそのものになっているという点です。そこが副詞的用法や形容詞的用法と決定的に違います。つまりto不定詞の部分がなければ**SVO**や**SVC**などの文章の構造が成立しないのです。

　使用頻度の高い「名詞的用法」の使い方は　**want to do**（〜したい）のような使い方です。

I want a shirt.

　だと**a shirt**が「欲しい」と言っていますね。**a shirt**は目的語（**O**）で、品詞としては名詞です。

I want to buy a shirt.

　では「buy shirt すること」がwant（ほしい）と言っているので、to buy a shirt全体が名詞の働きをして、つまりto不定詞句が名詞句になって目的語（O）の役割をしています。「シャツを買いたい」の意味です。

I want <u>a shirt</u>.
S　V　　O

I want ｜ to buy a shirt ｜.
S　V　　　　O

名詞の働きでO

　I hope <u>to see you again</u>.　　再びお会いできることを望みます
　I decided <u>to see the doctor</u>.　　医者に診てもらうことに決めた

　I want to do 〜.の形は、使える場面が多いので、今では小学校の教科書にも出てきます。

　"want to" をひとつのかたまりとしてとらえることもできて、一種の「助動詞」のようにとらえたほうが理解が簡単になります。

　I <u>can</u> buy a car.　　　私は車を買える
　I <u>have to</u> buy a car.　　私は車を買わなければならない
　I <u>want to</u> buy a car.　　私は車を買いたい

to不定詞：形容詞的用法

　おさらいです：「形容詞」って何でしょう。これがパッと答えられない
と「形容詞的用法」は理解できませんから、16ページを復習してから戻
って来てください。

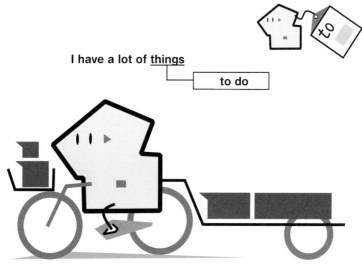

I have a lot of <u>things</u>

to do

I have a lot of things to do.　することがたくさんある

　形容詞とは「名詞を修飾する」働きがある語です。ですから、to不定詞の
「形容詞的用法」とは、「to不定詞が名詞を修飾している用法」のことです。
　名詞の修飾の「自転車リヤカー理論」(18ページ) を思い出してください。
複数の単語でできた修飾部分は修飾される名詞の後ろにくる理論です。こ
のto不定詞もそのひとつで、修飾される名詞の後ろにつきます。修飾部分と
して名詞に後ろからタグ付けされている感じです。
　日本語訳で言えば「～すべき〇〇」とか「～するための〇〇」のようにな
りますが、単に「～する〇〇」のほうが自然な場合もあり、訳語でとらえるよ
りも、とにかく「名詞が後ろから修飾されている」と感じることが大事です。

There are some books <u>to read</u>.

読む本が何冊かある

some books to read

　この**books to read**は**books**という名詞を**to read**という不定詞で修飾しています。つまり「読むための本」「読むべき本」、または単に「読む本」です。

　この使い方では、to不定詞は名詞を修飾している「おまけ」なので、これがなくても**O**や**C**の核である名詞部分は残るため**SVO**や**SVC**などの文章の構造は成立します。そこが名詞的用法と異なります。

It's time <u>to go</u>.　　行く時間です
S　V　　O

I want something <u>to drink</u>.　　飲むものが欲しい
S　V　　　　O

I need a house <u>to live in</u>.　　住む家が必要だ
S　V　　　O

75

to不定詞：副詞的用法（1）

またおさらいです：「副詞」って何でしょう。これがパッと答えられない人は16ページを復習してから戻って来てください。

I go to school to study English.

I go to school

私は学校へ行く

to study English.

英語を勉強するために

　副詞とは何かを理解していれば、「to不定詞の副詞的用法」は理解できたようなものです。つまりto不定詞の副詞的用法とは　1）「動詞（または動作全体）を修飾する」と　2）「形容詞を修飾する」用法です。

　上の文は、1）の例で、"**to study English**"（英語を勉強する）という部分が"**I go to school**"（学校へ行く）を修飾しています。（**go**を修飾していると説明する本もあります）

　つまり「英語を勉強するために学校へ行く」という目的を表します。

　「副詞」は「おまけ」ですから、副詞的用法のto不定詞部分がなくても**I go to school**だけで文章が立派に成立しています。上の図のように、前半の**I go to school**の部分全体に目的を表すto不定詞部分がタグ付けされている感じです。

ボクはいなくても
構造は成り立つよ

✎フクちゃん

前ページの例のto不定詞部分に注目してください。この動詞（ここで
は**study**）の前に**I go to school**部分の主語 "**I**" を置いてみてください。
そうすると、**I study English**になります。副詞的用法ではこのように文章
の主語を**to**の部分に入れると、「目的となる行為」の文ができるのです。
つまり**I study English**を目的にして、それを実現させるために**I go to
school**という動作をすると捉えることができます。

　例えば、

I went to the park to play tennis.

私はテニスをするために公園に行った

　⇒ "**I play tennis.**" を実現するために "**I went to the park.**"

He met her to talk about the plan.

彼はその計画について話すために彼女と会った

　⇒ "**He talk（s）about the plan.**" を実現するために "**He met her.**"

　これがうまく成り立たない場合、例えば主語が合わなくて意味が通らな
いとか何か単語が足りなくて文章ができないとか、そういった場合には形
容詞的用法の可能性が高いのです。

to不定詞：副詞的用法（2）

　副詞的用法にはもうひとつあります。副詞の働きのもうひとつ、「形容
詞を修飾する」用法です。

　形容詞を後ろから修飾して「原因・根拠」などを表します。

I'm glad to see you.　　あなたに会えてうれしい

S V C

I'm sorry to hear that.　　それを聞いて残念に思う

We are ready to go.　　行く準備ができている

to不定詞の用法を見分ける

「to不定詞がどの用法なのかを見分けるにはどうしたらよいでしょうか」しばしばきかれる質問なので、82ページにフローチャート化してみました。「どうしても分からない」という人用なので、直観的に分かる人は逆に混乱するので読み飛ばして構いません。「こうすればだいたいわかる」という考え方ですし、直観的にわかるようになるまでの間に使う考え方です。

ひとつめ：名詞的用法は見分けが簡単

　名詞的用法の区別は文の構造が見えれば簡単です。to不定詞句そのものがSかOかCの役割になっていて、つまりto不定詞句がないと文章の構造が成り立たない場合は名詞的用法です。（72ページ）

My goal is <u>to know the fact</u>.

　私のゴールは事実を知ることだ　to不定詞句が補語（**C**）

ふたつめ：直前が名詞じゃないときは比較的簡単

・to不定詞の直前が形容詞だったら、to不定詞句はそれを修飾する副詞的用法です。（76ページ）

I'm ready <u>to start</u>.　始める準備ができている

This book is easy <u>to read</u>.　この本は読むのに簡単だ

・to不定詞が文頭にあったら、「目的」を表す副詞的用法です。（76ページ）（注：**S**になってたら「ひとつめ」で名詞的用法）

<u>To show the fact</u>, I wrote a report.

　その事実を示すために私は報告を書いた

・to不定詞の直前が動詞や副詞や普通の代名詞*だったら「目的」を表す副詞的用法です。（76ページ）　（※**someone, anything**など除く）

He smiled <u>to show his pleasure</u>.

　彼は喜びを示すために微笑んだ　直前の**smiled**は動詞

We went out <u>to buy some food</u>.

　私たちは食料を買うために出かけた　直前の**out**は副詞

I met him <u>to talk about the plan</u>.

私はその計画について話すために彼と会った　直前の**him**は代名詞（代名詞は形容詞によって修飾できないので形容詞的用法ではない）

みっつめ：直前が名詞だったときは少し複雑

　to不定詞の直前が名詞だった場合が少し複雑です。その名詞を修飾する形容詞的用法なのか、または目的を表す副詞的用法なのかが区別しにくい場合があります。意味を考えれば「〜ために」なのか「〜ための」なのかがわかる場合が多く、また仮にわかりにくくても意味は同じようにとらえられるので過度に神経質に考える必要はないと思います。

・主語を入れてみて「目的」の意味として成り立つ場合

　77ページで説明したように、to不定詞の後の動詞の前に、文章の主語を入れてみて、それが「実現させたいこと」つまり「目的」だと捉えられて、それが主語が行う動作につながっていれば、「目的を表す副詞的用法」だととらえることができます。

（I）went to the park <u>to play tennis</u>.
　　　　　　　　　　　　　　　　→ I play tennis.

I play tennis.の実現を目的に **I went to the park.**

私はテニスをするために公園に行った

・主語を入れてみて「目的」の意味として成り立たない場合

The only way <u>to get there</u> is by bus.　　そこへ行く唯一の方法はバスだ
⇒to不定詞が主語の内部なので形容詞的用法

There is a chance <u>to win</u>.　　勝つチャンスはある
⇒**There is** 構文なので、**win**の前に入れてみる主語が無く「目的」が成り立たないので形容詞的用法

He has some hope <u>to make it</u>.　　うまくいく望みがある
⇒「うまく行くために持っている」では意味として成り立たず、目的が成り立たないので形容詞的用法

形容詞的用法の場合、to不定詞の後には語が不足していることが多いです。

　例えば、**I have some books to read.**（読む本を持っている）の文の場合、to不定詞の動詞**read**の後には本来は目的語が来るはずですが、ありません。その本来の目的語がto不定詞の前にある**books**で、to不定詞はそれを修飾しているのです。**have**と**read**が**some books**を共有して結びついているようにとらえられます。

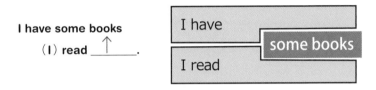

I have no one to work with.　（いっしょに働く人がいない）

　この場合は**with**の後に一緒に働く相手が来るはずですが、ありません。そこに来るべき **no one**が前にあってto不定詞の句がそれを修飾しています。**have**と**work with**が**no one**を共有して結びついています。

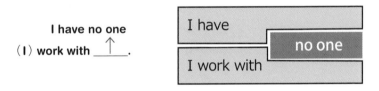

　I have someone to help.は**help**の目的語がなくてその目的語になるのが修飾する相手の**someone**ですから、「助けるべき人（助ける対象）がいる」ということです。**I have some books to read.**のときと同じ理屈です。

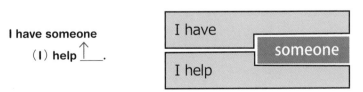

I have someone to help me. になると、**help** の目的語の **me** があるので何も不足していないように思えますが、実は **help** の動作主は文章の主語である "**I**" ではなく、**help me** する人で、つまり **someone** です。to不定詞の後にはその動作主が不足しているとも言えます。その **someone** がto不定詞句で修飾される対象です。

I have someone
　　　↑
（**someone**）**help me.**

　この例で、副詞的用法が成り立つかどうかto不定詞のところに述語動詞の主語を入れてみると、**I help me** となって意味が成立しないので副詞的用法（１）(76ページ) ではないことがわかります。

わからなければそれほど気にしなくても
　直前に名詞があるときの「形容詞的用法」（〜ための）と「副詞的用法」（〜ために）は、形の上では区別しにくく、意味としても判別しにくい場合もあります。

　I used a device to clean the room. の場合、**clean** の主語が **I** であると見れば「目的」（掃除をするために）になり、**clean** の主語が **a device** と見れば形容詞的用法です（掃除をする道具）。

　I need some time to eat lunch. の場合、「昼食を食べるための時間が必要」と取れますが、「昼食を食べるために時間が必要」にも見えてきます。

　そのような場合には意味に「大差がない」ということなので、悩み続ける必要はないでしょう。

to不定詞プロファイリングチャート

SかOかCかの
どれかに ──── なっている

to不定詞部分がなければ文の構造をなさない

↓ なっていない

直前が名詞に ──── なっていない ──── 直前が
形容詞

to不定詞が文頭
または
直前が動詞・副詞
普通の代名詞など

↓ なっている

toの場所に
文章の主語を入れて
意味が ──── 成り立つ

成り立たない

（語が不足、主語不一致など）

どっちかよくわからない

<table>
<tr>
<td>

名詞的用法

</td>
<td>

文頭なら主語で「〜すること　は」
To know the fact is important.
O「〜すること　を・が」
I want to know the fact.
C「〜すること　だ」
My goal is to know the fact.

</td>
</tr>
<tr>
<td>

副詞的用法
（形容詞の理由・原因）

</td>
<td>

前が形容詞なら形容詞を修飾
I'm ready to start.
I'm happy to be here.
This book is easy to read.

</td>
</tr>
<tr>
<td>

副詞的用法
（〜するために）

</td>
<td>

文頭なら副詞句「〜ために」
To show the fact, I wrote a report.

SVOやSVCやSVのあと「〜ために」
I'm here to know the fact.
I wrote a report to show the fact.

</td>
</tr>
<tr>
<td>

形容詞的用法

</td>
<td>

直前の名詞を修飾
「〜ための」「〜すべき」
I have a report to read.
I have a report to look into.
I have a report to show the fact.
There is a chance to win.

</td>
</tr>
</table>

⟶ どっちと取っても大差なし

「ドスン・キャ」のリズムで感じよう
（第5文型の仲間）

　ここまでのところがだいたい中2までの項目です。

　キャンバスが置けて、出だしのところを何度も踏み固めてきた中で、基本的な文の仕組みが見えてきたと思います。

　ここから少し複雑な領域に入って行きます。訳語で考えているよりイメージで考えたほうが簡単な領域です。

　基礎が踏み固まってきたら、キャンバスにいろいろな絵の具をつけよう！

第5文型に行く前に「補語」を復習

　ここでは5つめの文型**SVOC**の話をします。この難敵の話に入る前に**C**（補語）とは何かをについて、復習しておきます。

僕を
思い出して

　SVや**SVO**では、主語（**S**）は何か動作をする動作主でしたが、第2文型（**SVC**）での主語（**S**）は動作主ではなくて、**S**は補語（**C**）によって説明される対象です。わかりやすく言えば対象と「イコール」の関係で結び付けられたものでしたね。

　SVCの文型の場合は、補語とイコールの相手は主語（**S**）でした。つまり、主語（**S**）を説明する補語で、「**S＝C**」でした。

　でも、こんどの**SVOC**での**C**は目的語（**O**）の補語です。つまり「**O＝C**」ということなのです。

　実は、中学1年の教科書の最初にこんな文章が出てきます：
Hi, I'm Hiroshi. Please call me Hiro.

　この**call me Hiro**の部分の**me**が**O**で**Hiro**が**C**です。つまり、「私を呼びなさい（**call me**）」 どう呼ぶかというと「**me＝Hiro**」という意味です。これは**SVOC**の形です。中学1年段階の教科書には文法の説明なしに載っています。

第5文型　SVOC

5つめの文型 (第5文型) です。

第3文型 (22ページ) と比較して見てみます。

第3文型

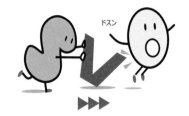

第5文型

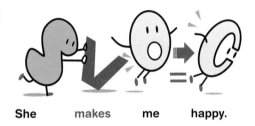

She　　　　makes　　　me　　　happy.

　まず、第3文型から復習してみましょう。第3文型の**SVO**の文では**S** (主語＝動作主) が**O** (目的語) に**V**という動作で「ドスン」と働きかけるわけです。(22ページ)

　こんどの第5文型では、「ドスン」とされた相手 (目的語**O**) が、補語**C**で表される状態に変身するのです。つまり**O=C**に変化するのです。「ドスン」とされたもの (**O**) がその勢いで「キャッ！」と**C**に変化したりするイメージです。

　She makes me happy.　　彼女は私を幸せにする

　彼女 (**S**) が私たち (**O**) にドスンと働きかけて、その結果私を**happy**状態 (**C**) にするということです。歌のタイトルでおなじみの "**Make you happy** 構文" と覚えたらどうでしょう。

　覚えやすいので、このあとでは「ドスン・キャ」と表現します (文法書には書いていません。この本でそう呼ぶだけです)。

Please call me Hiro.

「私を呼びなさい（**call me**）」どう呼ぶかというと「**me＝Hiro**と」

　⇒私を**Hiro**と呼んでください

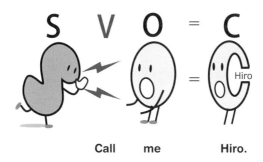

S　　　V　　　O　＝　C

Call　　me　　　Hiro.

　SVCの第2文型では、**C**は**S**（主語）を説明する補語でした。**SVOC**では**C**は補語は補語でも**O**（目的語）を説明する補語なのです。

Take it easy.

「それ（事情）をとりなさい（**take it**）」「どうとるか」というと「**it=easy**として」

　⇒気楽にとりなさい

　⇒「気楽にやれ」「のんきにかまえろ」という命令形です。

S　　　V　O　＝　C

Take　　it　　　easy.

He keeps his room clean.

「彼は彼の部屋を保つ」　どう保つかというと、「**his room=clean**に」

　⇒彼は彼の部屋をきれいに保つ

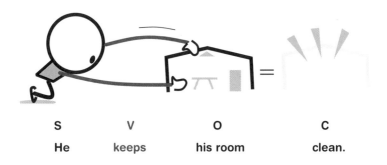

S	V	O	C
He	keeps	his room	clean.

形容詞だけでなく、名詞も**C**になれます。

The movie made him a star.

「その映画は彼を作った」　どう作ったかというと、「**him=star**に」

　⇒その映画は彼をスターにした

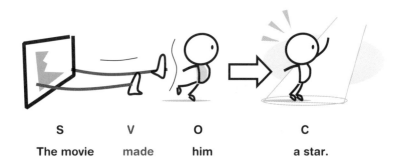

S	V	O	C
The movie	made	him	a star.

He left the door open.

「彼はドアをそのままにした」　どのようにかというと「**the door=open**に」

　⇒彼はドアを開けたままにしておいた

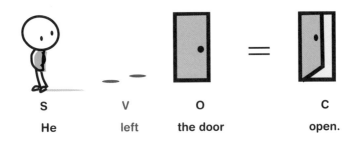

S	V	O	C
He	left	the door	open.

She got me wrong.

「彼は私を取った」　どのように取ったかというと「**me=wrong**に」

　⇒彼女は私を誤解した

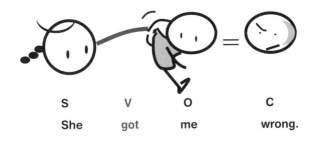

S	V	O	C
She	got	me	wrong.

過去分詞（110ページ）も補語（**C**）になれます。

Please keep me informed.

"私＝情報が入っている状態" に**keep**してください

⇒情報を常に入れてください

I had my hair cut.

私は "髪＝**cut**された状態" にさせた⇒私は髪を切ってもらった

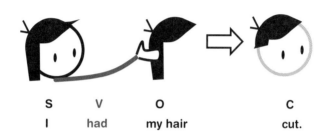

S	V	O	C
I	had	my hair	cut.

I want my egg fried.

私は "自分の卵＝**fried**状態" を好む

⇒卵を目玉焼きにしてほしい（注文するときの言い方）

（ここの**fried**は「油で焼かれた（炒められた）状態」を表します）

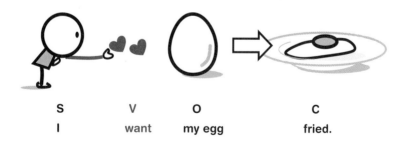

S	V	O	C
I	want	my egg	fried.

前置詞句も補語（**C**）になれます。

Jogging keeps you in good health.

ジョギングはあなたを" **in good health**状態"に**keep**する

⇒ジョギングはあなたを健康な状態に保つ

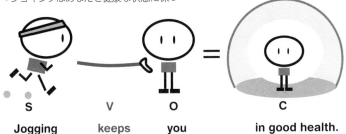

S	V	O	C
Jogging	**keeps**	**you**	**in good health.**

Please let me in the room.

"**me＝in the room**" 状態を許してください

⇒部屋に入れさせてください

「ドスン・キャ理論」の感覚でとらえられる形にはこういうのもあります。

He pushed the door open.

ドアを押した結果として"**door＝open**"状態にした

⇒彼はドアを押して開けた

He painted the wall red.

⇒**paint**した結果として"**wall=red**"にした

⇒彼は壁を赤く塗った

He pushed the door open.　　　　**He painted the wall red.**

使役動詞

こんどは**C**の部分を動詞でできた句に置き換えてみます。

She makes me happy. は前に説明した**SVOC**ですが変えてみます。

She makes me feel happy.

彼女は私を幸せな気分にさせる（「me=``feel happy``」の状態に**make**する）

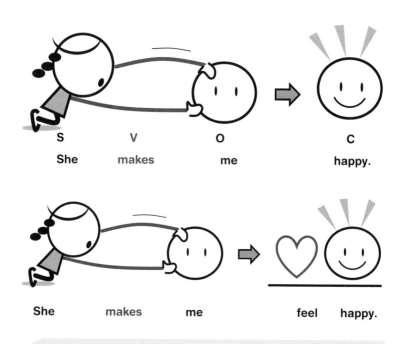

S	V	O	C
She	makes	me	happy.

| She | makes | me | feel | happy. |

　これは「～にXXさせる」「～にXXしてもらう」という意味の、「使役動詞」と呼ばれる使い方です。

　makeのほか、**have**、**let**が同じように使役動詞として使われます。使い方は同じですが意味が少し違って、簡単に極端に言うと、**make**は「無理にさせる」、**let**は「したいと思っている人にさせてあげる」、**have**は「するべき人にしてもらう」という感じです。

I'll make my son clean the room.

息子に部屋を掃除させます（強制）

make 強制

He let his son go out at night.

彼は息子に夜、外出させてあげた

（することを許した）

let 許可

I'll have someone drive you home.

誰かにお宅まで車で送らせましょう

（しかるべき人にさせる）

have しかるべき人に

I had my sister cut my hair.

妹に髪を切ってもらった

S	V	O	C
I	had	my sister	cut my hair.

want / ask / tell 人 to不定詞

I want you to come with me.

あなたにいっしょに来てほしい

これも同じ感覚で理解できます。

S	V	O	
I	want	you	to come with me.

「**you**が**to come with me**となることを**want**する」というようなイメージでとらえられます。

　同じように、

He asked me to sit down.　彼は私に座るように求めた

He told me to stay there.　彼は私にそこにいるように言った

helpの場合は動詞の前に**to**が入る場合もありますが、米語では**to**が入らないことのほうが多く、これもしばしば使われるので慣れておく必要があります。

He helped me find my lost pen.

彼は私がなくしたペンを見つける手伝いをしてくれた

　人（手伝う相手）を言わないときもあります。

I helped clean up trash.　私はゴミを片付けるのを手伝った

　こうなるとふたつの動詞が続くことになるので、直面すると驚くことがあるかもしれませんが、知っていれば理解できます。

「ドスン・キャ」の知覚動詞

see, watch, hear, look at, listen toなどは「知覚動詞」と呼ばれ、知覚動詞＋目的語のあとに、動詞の原形や〜**ing**や過去分詞をつける用法があります（130ページ）。この場合も「ドスン・キャ」の感覚でとらえることができます。

I saw my sister enter the shop.（動詞の原形）

妹が店に入るのを見た

I felt the floor shaking.（現在分詞⇒110ページ）

床が揺れているのを感じた

I heard my name called.（過去分詞⇒110ページ）

私の名が呼ばれるのが聞こえた

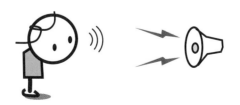

「ドスン・キャ」のリズムで感じよう（第5文型の仲間）

「ドスン・キャ」の句動詞

「ドスン・キャ」のリズムで句動詞をとらえることもできます。

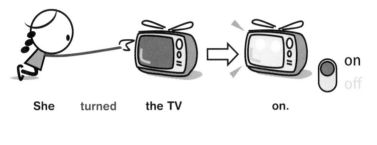

She　　turned　　the TV　　　　　on.

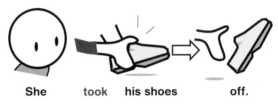

She　　took　　his shoes　　off.

　　ここでの**on**や**down**や**off**は副詞です。（前置詞としての使い方もありますが、ここでの使い方は副詞です。後ろに名詞がついていませんから前置詞ではないことがわかりますね）

Turn the TV on.
TVをturn（つまみを回して）それをonにする
Take your shoes off.
shoesをtakeして（取って）それをoffにする（離す）
Turn the radio down.
radioをturnして（つまみを回して）それをdownする
Put your hat on.
hatをputして（置いて）それをonにする（載せる）

　　これらも、「ドスン・キャ」の感覚で理解できます。

句動詞（群動詞）とは

動詞と副詞・前置詞などがセットでひとつの動詞の意味をなすようなものを「句動詞」と呼び、**turn on, turn down, put on, take off**も句動詞に入ります。

意味としては前ページの例文の**turn O on**や**turn O down**のように目的語（**O**）を動詞（他動詞）の直後に入れた順序の方が「ドスン・キャ」的に意味を実感しやすいのですが、**turn on O**や**turn down O**のような語順に「してもいい」というのが句動詞のルールです。

<u>Turn on</u> the TV. 　（**<u>Turn</u> the TV <u>on</u>.**）

He <u>took off</u> his shoes.（**He <u>took</u> his shoes <u>off.</u>**）

They <u>put off</u> the game.（**They <u>put</u> the game <u>off.</u>**）

彼らは試合を延期した

※ただし、**O**が代名詞の場合は必ず**Turn it on**のような順序にします。

<u>Turn</u> it <u>on.</u>

He <u>took</u> them <u>off.</u>

They <u>put</u> it <u>off.</u>

I'll <u>pick</u> you <u>up.</u> 　迎えに行くよ

これらは他動詞の使い方なのですが、この使い方の**on**や**off**が前置詞に見えてしまうとイメージしにくくなります。動詞のあとに直接的に目的語がつながっていないので、見かけ上は自動詞にも見えてしまいますが、実際は目的語を持つ他動詞です。26ページの「自動詞と他動詞のイメージ」がつかめていればここは理解できるでしょう。次のページで整理します。

「ドスン・キャ」の句動詞（つづき）

自動詞か副詞かに関して、**on**の働きをくらべてみましょう。

He　　　　　put his hat　　　　　　　on.

帽子を**put**して**on**にする ⇒帽子をかぶる

sit on his hat

帽子の上に座る

put on his hat

帽子をかぶる

He sat on his hat.（自動詞＋前置詞）

He puts on his hat.（他動詞＋副詞）

では同じ **"on his hat"** でもぜんぜん違います。

上は「帽子の上に座る」で、下は「帽子をかぶる」です。

　26ページで勉強したように自動詞と他動詞の感覚がつかめていれば、たとえ順序が**put on his hat**になっていたとしても「他動詞」だと感じることができるでしょう。

句動詞の補足

ここまでは他動詞の場合の句動詞を挙げてきましたが、句動詞には自動詞のものもあります。これらは目的語がありませんから、他動詞の句動詞のような語順の入れ替えはありません。

自動詞＋前置詞

look for を探す

I'm looking for my bag.

バッグを探しています

look after を世話する

I have to look after my son.

息子の面倒を見なければならない

look into を調べる

The police looked into the car.

警察はその車を調べた

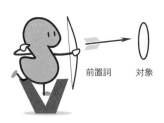

前置詞　　対象

自動詞＋副詞の句動詞もありますが、当然目的語はありません。

自動詞＋副詞

break down　壊れる

My car broke down.　私の車が故障した

go on　続く

His speech went on.

彼のスピーチは続いた

show up　現れる

She suddenly showed up.

彼女は突然現れた

come by　立ち寄る

Please come by any time.

いつでも寄ってください

Part 5
これでスッキリ！
関係代名詞

　みんなが嫌いな文法項目の第1位。関係代名詞を勉強しましょう。なぜみんなが嫌いかというと、「わからないという自覚がある」から。to不定詞や、後で出てくる現在分詞や過去分詞の場合は「わからないという自覚があまりない」のでやっかいですが、関係代名詞はそれらよりは簡単かもしれません。

　なぜ「関係代名詞」と呼ばれるかというと、「（節と節を）関連付ける機能のある代名詞」だからです。多くの人が「苦手」というのがこの関係代名詞です。ただ、基本はふたつの節をくっつけているだけなので、それほど複雑ではありません。

　日本語でも、「私がきのう買った」と「本」をくっつけて「私がきのう買った本」と言いますし、これを文章にして、「私がきのう買った本」と「（その）本を読んだ」をくっつけて、「私がきのう買った本を読んだ」と言いますから、自転車リヤカー方式の英語は日本語と順序が違うだけであると認識するだけで、理解はそう難しくはありません。

関係代名詞のリヤカー理論

　大嫌いな人が多い「関係代名詞」に入る前に、「自転車リヤカー理論」をおさらいしておきます。

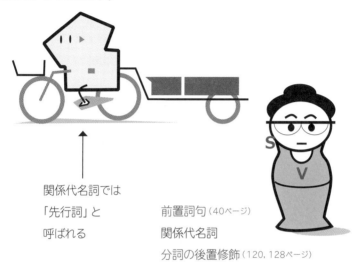

関係代名詞では
「先行詞」と
呼ばれる

前置詞句（40ページ）
関係代名詞
分詞の後置修飾（120, 128ページ）

　18ページで説明したように、「複数の単語でできた修飾部分は修飾される名詞の後ろに来る理論」です。「節」（38ページ）も当然、前にはつかずに修飾される対象の後ろにつきます。

　関係代名詞の場合、修飾される対象の名詞を「先行詞」と呼びます。関係代名詞に「先行する」語です。関係代名詞の直前にあるのが基本です。

　構造を考えるときには「主格」「目的格」「所有格」に分けて考える必要があります。
「主格」というのは「主語になる格」で、「I-my-me」でいう "I" で、「目的格」というのは「目的語になる格」で「I-my-me」でいう "me" です。同様に、"my" に相当するのが「所有格」です。

主格の関係代名詞

関係代名詞には**which**や**who**などがあります。とりあえず、「人間には**who**」「動物やものには**which**」と理解して先に進めます。

例えば、**I have a cat.** どんな**cat**かというと **It（the cat）likes milk.**という場合、2文を合体させます。二文目の**it**を代名詞**which**に変えることで、その直前にある先行詞**cat**と関連させます。

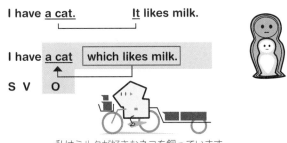

私はミルクが好きなネコを飼っています

> この**I have a cat**の部分は**SVO**の形ですが、**a cat**のあとに**which likes milk** というおまけ（修飾要素）の入れ子（節）がくっついて、**a cat which likes milk.**という長い目的語（**O**）になっています。

もう一例

This is the boy. どんな**boy**かというと **He（The boy）saved my cat.** **the boy**を関連付けることでこの2文を合体させると、

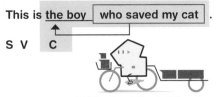

この人が私のネコを救った少年です

これは、全体としては**SVC**で**C**の中が入れ子になっています。

こんどは**The boy saved my cat.**と**He likes cat.**

the boyを関連付けて合体させてみます。

この場合には前の例のように関係代名詞節は文尾にはきません。

The boy saved my cat. の**SVO**の文で修飾させたいのは**the boy**で、これはこの文の主語（**S**）であって、関係代名詞節は修飾したいその先行詞の直後につきます。**The boy who saved my cat**が長い主語（**S**）になって、**V**と**O**はその後に来て、文章全体で**SVO**を作ります。

私のネコを助けた少年はネコが好きです

どこがどこを修飾するのかがわかりやすくなるように、**修飾する部分（関係代名詞節：リヤカー）は、修飾する対象（先行詞）の直後に置く**のが基本ですからこの語順になります。

この文の支配者である述語動詞は**likes**で、それが見えればその前全体が入れ子を含む長い主語になっていることがわかります。

目的格の関係代名詞

　こんどは目的格の関係代名詞の使い方です。「目的格」というのは、"I-my-me" の me に相当する格です。

　例えば、**This is the cat.** で、どんな **cat** かと言うと **I saved it**（**the cat**）**.** という場合、2文を合体させます。2文目の **it** は目的格で、これを代名詞 **which** に変えることで先行詞と関連させます。先行詞の **the cat** は関係代名詞節の目的語です。2文目の **the cat** は関係代名詞に置き換わっているので、関係代名詞節の中では繰り返さず、なくなります。

これはきのう私が助けたネコです

　目的格の場合には、関係代名詞が省略されることが多いです。

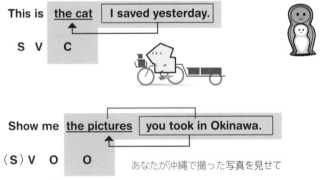

あなたが沖縄で撮った写真を見せて

　これはもともと **Show me the pictures. + You took them**（**the pictures**）**in Okinawa.**

　ですから、合体した文は「沖縄で撮った写真を私に見せてください」になります。全体としては **SVOO** の文章です。**me** が間接目的語で、**the pictures you took in Okinawa** が直接目的語です。

前置詞の後も「目的格」です。それを関連付ける関係代名詞で修飾する場合には次のようになります。

This is <u>the cat</u> | I talked about yesterday.

S　V　　C　　　これが私がきのう話したネコです

　これは**This is the cat.** と**I talked about it yesterday.**の合体です。**the cat**から後ろ全部が補語です。**This is the cat which I talked about yesterday.** から関係代名詞**which**が省略されています。

　関係代名詞が省略できるのは目的格の場合だけで、主格の時は省略できません。

　やっかいなのは、この省略のルールを知らない限り、文章中の全単語について辞書で調べたとしても構造がわからないので意味が理解できないという点です。単語を知っていても関係代名詞の発想に行かない限りどうにもならないわけです。

　でも「関係代名詞」を理解している人にとっては、構造が見えていますから、たとえわからない単語があっても辞書を使えば意味がわかります。

見える人には
見えています

　「どうして目的格のときだけ省略するの?」という質問を受けます。答えとしては「文中で突如として主語になる語(**I**や**you**など)が現れると『なんじゃ、これ』となるのでそこに切れ目があるとわかるから」だと思います。「なんじゃこの主語!」とびっくりするようなことがあったら、その前に**that**を入れてみてください。接続詞の**that**のときも同様にとらえられます。

I like <u>the hat</u> 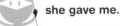 **she gave me.**

　　　　　　　彼女がくれた帽子が好きだ

所有格の関係代名詞

「所有格」は、**I-my-me**の**my**に相当します。

I know a cat. Its name is Maru.

itsを関係代名詞に変えて**a boy**とつなげると

I know <u>a cat</u> | whose name is Maru. |

S   V   O   その名が**Maru**というネコを知っている

所有格の場合は、先行詞がものでも人でも**whose**です。

He hit a car whose owner is unknown.

誰の車かわからない車に彼はぶつかった

He has a dog whose tail is long.

しっぽが長いイヌを飼っている

関係代名詞と格をまとめるとこうなります

	主格	所有格	目的格
人	who	whose	who または whom
人以外	which	whose	which
どっちも	that	whose	that
参考	I	my	me

106

文法探偵のプロファイリング

「平行」を見つける（2）

to不定詞や関係代名詞のときも「平行（パラレル）」
（63ページ）に注意します。

to不定詞の場合

I asked her to feed my dog and clean its house.

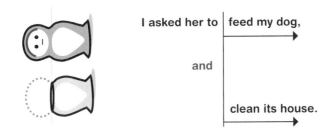

feedと**clean**が平行。つまり、彼女に頼んだことがふたつあって、ひとつが「イヌにえさをやる」ことで、ふたつめが「イヌの小屋を掃除する」こと。
「私は彼女に、イヌにえさをあげて小屋を掃除するように頼んだ」

関係代名詞の場合

This is the cat that got lost yesterday and was found today.

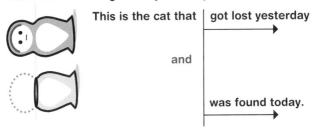

gotと**was**が平行。つまり、ネコの説明がふたつあって、ひとつが「迷子になった」、ふたつめが「きょう見つかった」。
「これが、きのう迷子になってきょう見つかったネコだ」

Part 5 これでスッキリ！ 関係代名詞

過去分詞とing、itの正体

to不定詞同様、形は簡素なのに、いや、簡素だからこそ理解がしにくい項目です。中3の項目です。

忍者みたいなやつらです。「なぜここに**ing**がついてる？」「これって過去？　過去分詞？」などという自問に対して、わかったふりをするのをやめて、少し考えてみましょう。わかってくればかわいくて便利な存在になってきます。

itについても同じです。
「この**it**って何？」
「何って、『それ』だよ」
「だから『それ』ってどれ？」
「それってそれだよ」

わかったふりのごまかしはやめて、考えて理解をしてみましょう。

分詞って何だろう：分詞の正体

「過去分詞」という用語をききます。「分詞」っていったい何なの？　そう思う人も多いでしょう。その説明をします。

動詞の"分詞の術"

形容詞に
化けます

形容詞に
化けます

動詞

現在分詞

形容詞っぽい
働きができる
ように変身

過去分詞

「分詞」という言い方がピンとこないかもしれませんが、動詞が「分身した形」と思うと少し解決に近づくかもしれません。英語で「分詞」は、**participle**で、**participate**（参加する）と同じ語源の語です。つまり動詞が化けて形容詞などの「仲間入り」をしているということで理解できます。

　現在分詞は「進行」を表す働きをする「動詞の分身」の形であり、過去分詞は「完了」や「受け身」を表す「動詞の分身」の形なのです。

現在分詞と過去分詞

現在分詞

~ing
進行

a flying object　飛行している物体

a dancing girl　踊っている少女

　このように、動詞が現在分詞に「分身」することで、動作が「進行」している ような意味となって名詞を修飾する形容詞のような働きをすることができます。（詳しくは126ページ）

過去分詞

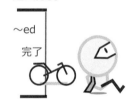

~ed
完了

自動詞の過去分詞

fallen leaves　落ちてしまった葉っぱ

a broken glass　割れてしまったグラス

a retired teacher　退職した先生

他動詞の過去分詞

baked potato　焼かれたじゃがいも

a reserved seat　予約された席

　このように、動詞が過去分詞に分身することで、動作が「**完了**」してしまったような、または「**受け身**」のような意味で形容化しています。もとは「過去分詞」であっても、辞書上でも「形容詞」の扱いになっている語が多いです。

現在分詞の場合では、自動詞も他動詞も「**進行中**」の感覚で「〜している」という感じで同じなのですが、過去分詞の場合には、自動詞のときは「〜し終わっている」で、他動詞のときには「〜されてしまった」という感じです。

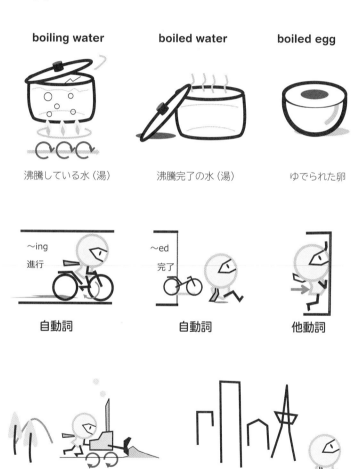

boiling water

沸騰している水（湯）

boiled water

沸騰完了の水（湯）

boiled egg

ゆでられた卵

〜ing
進行

自動詞

〜ed
完了

自動詞

他動詞

a developing country
発展途上国
（発展しつつある国）

a developed country
先進国
（発展が完了した国）

過去分詞の顔（1）：受動態（受け身）

　中学で最初に出てくる過去分詞の使い方はこの「受動態」です。文章の「主役を交代」させる言い方です。「**be**＋過去分詞」の形です。

The man built the house.

その男がその家を建てた

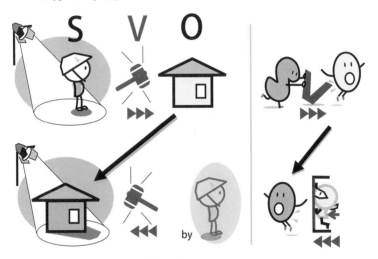

This house was built by the man.

その家はその男によって建てられた

　第3文型（**SVO**）の形では、動作主である**S**が主役として文頭に置かれて、動作を受ける**O**は動詞**V**の後に置かれました。このように動作主が頭に位置する形を「能動態」と呼びます。動作主が主役の位置にいるのです。

　ここで説明する形は、**動作を受ける対象が主役**となって文頭にくる形で、これを「受動態」、または「受け身」と呼びます。

　単に順序を入れ替えるだけだと動作主が逆転して意味が違ってしまうので、区別するために動詞部分の形を変えます。どのように変えるかというと、動詞の前にbe動詞をつけて動詞を「されてしまう」を意味する「過去分詞」の形に変えます。動作主を表したい場合には　**by**の後に続けます。

This book was written **by Soseki.**

この本は漱石によって書かれた

　動作主が**by**が作る前置詞句の中に入って、主役の座から「おまけ」である「とん・とん・とん」に成り下がった形です。

This house was built **many years ago.**

この家は何年も前に建てられた

　動作した人はこの文章には表れていません。動作主は主役の座から降りて、さらに舞台の外に追いやられたわけです。

many years agoは副詞句としてついている「おまけ」で、能動形の場合と同じく「とん・とん・とん」の場所にいます。

This photo was taken **in Hokkaido.**

この写真は北海道で撮られた

受動態の時制

　過去分詞の「外見」は、過去形と同じ、または似ていますが、必ずしも時制は「過去」ではありません。過去かどうかは**be**動詞の時制で決まります。形と「過去分詞」という名前に惑わされてはいけません。

This song is liked **by everyone.**

この歌はみんなに愛されている　（**is**なので現在形）

He was taken **to the hospital.**

彼は病院に連れて行かれた　（**was**なので過去形）

The festival is going to be held **next week.**

その祭りは来週行われることになっている　（**be going to**で未来）

助動詞もつけられます

The movie will be shown **worldwide.**

その映画は世界中で公開される

Something must be done **now.**

何かが今なされなければならない

なぜ受動態（受け身）にするの？

　日本語では文頭が主役です。英語でも文頭が主役です。だいたいの場合は主役が動作主です。ところが動作を受ける側を主役にしたい場合が出てきます。

　その理由としては、例えば

1) 既知情報（すでに話に出ている情報）を主役にしたい

「既知情報」というのは、話の流れの中ですでに出てきた情報のこと。例えば、「私たちはある建物に着いた。その建物はある王様によって建てられた」という場合、2つ目の文では1つ目の文で出てきた「建物」が既知情報。「ある王様がその建物を建てた」として新登場の「王様」を主役にするより、既知情報の「その建物」を主役に置いたほうが話がうまく引き継がれて聞き手/読み手にとってわかりやすいのです。

　「される側」を主役にするほうがわかりやすいときに受動態を使います。

既知情報を次の文章の主役にすると話がつながりやすい

We reached a house. The house（it）was built by a king.

We reached a house. A king built the house（it）.

新情報（a king）が主役になると話がつながりにくい

2) 動作主が重要でない。動作主が自明または不明、または言いたくない、客観的に言いたい

English is used in Australia.

オーストラリアでは英語が話されます。

　英語を話すのは犬や猿ではなくて人間に決まっているから、動作主として特に言う必要はありません。ですから**English**を主役にします。

This house was built in 1960.

この家は1960年に建てられた。

　建物を建てたのは普通の大工さんだった場合には特に重要じゃないので動作主を言う必要がありません。

主役にするべき目的語**O**がいなかったら受け身は成立しません。それが基本なので押さえておいてください。自動詞は目的語を取らないので、自動詞でできた**SV**の構造の文は、受動態にならないのが基本です。主役不在になってしまうからです。

　ただ、自動詞の場合でも受け身になることがあります。前置詞のようなほかの語とセットになって他動詞と同じように働いている場合です。(句動詞 96ページ) これは「コウモリ」の類ですね。

I was <u>laughed at</u> by everyone.

私はみんなに笑われた

I was <u>spoken to</u> by a stranger.

私は見知らぬ人から話しかけられた

This issue has to be <u>looked into</u>.

この問題は調べられなければならない

The baby is <u>taken care of</u> by my sister.

赤ちゃんは私の姉に面倒を見られている

　それから、例えば、**The door opened.** は自動詞を使った**SV**で「ドアが開いた」ですが、**The door was opened.** にすると他動詞の**open**が受け身で使われていることになって「ドアは開けられた」になります。どっちも「ドアが開く」という起こった現象は同じでも、後者の場合は意図的に動作する動作主が暗示されています。

The door opened.　　　　　**The door was opened.**

part 6 過去分詞とｉｎｇ、ｉｔの正体

受け身型の感情表現

　日本語では「びっくりした」と言いますが、英語では「びっくりさせられた」のような言い方になります。英語の「受け身型」の感情表現と言えます。

感情の元

I was surprised.　　　　　**It surprised me.**

　36ページの「幾何学と無生物主語」を思い出してください。英語は幾何学的で人間や動物以外（「無生物」）が動作主になって人間が目的語になる文章はごく普通に現れると説明しました。

　感情に関しても、英語では、自分（人間）から能動的自発的に感情は表れないというしくみです。これはある意味、合理的な考えで、能動的・自発的に働くのは、人間の感情が向かい合うその対象という感覚です。日本語では「驚いたな」「疲れたな」などのように感情が人間から表れる感覚の表現になりますが、英語では「驚かされたな」「疲れさせられたな」というような感覚です。

中学の最初のほうで習った**I am interested in baseball.**（私は野球に興味があります）という文章を思い出してください。

It interests me.

I'm interested.　　**It's interesting.**

interestedは形容詞だと中学の最初では説明されますが、形は**-ed**になっていて「過去分詞」と同じですね。**interested**は「過去分詞出身」ですが辞書などでは形容詞扱いされている語です。意味的には過去分詞なので受け身的に「興味を持たされている」という感じなのです。

この仲間はほかにもいろいろあります。

I'm interested　私は興味を持っている

　（興味を持たされている）

I'm tired　私は疲れている

　（疲れさせられている）

I'm excited　私はワクワクしている

　（ワクワクさせられている）

I'm bored　私は飽き飽きしている

　（飽き飽きさせられている）

I was surprised　私は驚いた

　（驚かされた）

受ける側

I was moved.　私は感動した

I was impressed.　私は感激した

I was satisfied.　私は満足した

感情を生み出す原因側を言い表すならこうなります。

This book is interesting.　It's an interesting book.

この本は興味深い　　　　　　それは興味深い本だ

The game was exciting.　I like exciting games.

そのゲームはワクワクする　　私はワクワクするゲームが好きだ

The story is moving.　I was moved.

その話は感動的だ　　　　私は感動した

感情を起こす側

その「方向」を間違えると、ちょっと変になります。

I'm bored. と言おうとして **I'm boring.** と言ってしまうと、「私はつまらない人間です」。

I'm interested. と言おうとして **I'm interesting.** と言ってしまうと「私は面白い人間です」の意味になってしまいます。

ちなみに、気分や感情を表す形容詞の中で、「受け身型じゃない形容詞」には次のようなものがあります。

sad（悲しい）、**happy**（幸せな）、**sleepy**（眠い）、**angry**（怒っている）、**hungry**（お腹がすいている）、

thirsty（のどが渇いている）、

lonely（寂しい）、**curious**（興味深い）

などです。

I'm excited.

ワクワクするわ

He is absorbed in fishing.

彼は釣りに夢中だわ

He is boring.

彼はつまらない

I'm bored.

私はうんざり

I'm disappointed.

私はがっかりした

She is gone.

彼女、行っちゃった

It's not surprising.

驚くことじゃないな

I'm hungry, by the way.

ところでお腹すいたな

……ダメ男です。

過去分詞の顔（２）：後置修飾

これも多くの人が理解しないままスルーしてしまいがちな項目です。

baked potato　焼かれたじゃがいも

a reserved seat　予約された席

単語レベルだから
前かごに載る

potato baked in the oven　オーブンで焼かれたじゃがいも

a bag made by my mother　母によって作られたバッグ

句なのでリヤカーで
後ろから修飾します。

　修飾する役割の過去分詞は、単語レベルでは「自転車リヤカー理論」(18ペ
ージ)の「前かご」に載せることができますが、語が連なっている句になると
後ろに載せなければなりません。

　このように名詞を後ろの語句で修飾する方法を「後置修飾」と呼びます。
ですから上の例は「過去分詞を使った後置修飾」と呼ばれます。

　例えば**This is a car made in Japan.** (これは日本で作られた車です)の文は、
関係代名詞を使って、**This is a car which was made in Japan.**と書き換
えることも可能であるので、もとの文は**"which was"**が省略された形だと解
釈することも可能です。

I read a book written in English.

S　V　　　　　　O

私は英語で書かれた本を読んだ

He is famous for his book published in 2010.

S　　V　　C

彼は2010年に出版された本で有名だ

We ate some cake baked by his mother.

S　V　　　　　　O

私たちは彼のお母さんが焼いたケーキを食べた

That is a cat called Mimi.

S　　V　　　C

あれはミミと呼ばれるネコだ

　なぜ**-ed**の形（過去分詞の形）をしているかを理解しないで英文を読んでいると、構造を考えない癖が定着してしまいます。単語の意味だけ拾って文章の意味を勝手に想像する読み方です。

　きちんと構造を理解して読むことを習慣にしていると、読むたびに、理解するたびに定着し、それがあたりまえになって、この用法を忘れてしまうことは決してありません。

ingの複数の顔を見分ける

　これも多くの人が理解しないままスルーしてしまいがちな項目です。「〜ing」も「3大迷子項目」のひとつです。

　ここではいろいろな「〜ing」の形について、整理していきます。見た目は動詞＋ingの形でも、ingにはいろいろあるのでなかなか強敵です。

　中学の勉強でingが最初に出てくるのは「現在進行形」なので、ingに「進行形」のイメージを強く持つ人がいますが、進行形以外にもたくさんあります。

　「なぜ動詞にingがついているのか」をよく考えないで英文を見ていてはいけません。なぜingの形をしているのかが解釈できないと文章の構造は理解できず、「なんとなく意味がわかったような気になる」というレベルから抜け出すことができません。

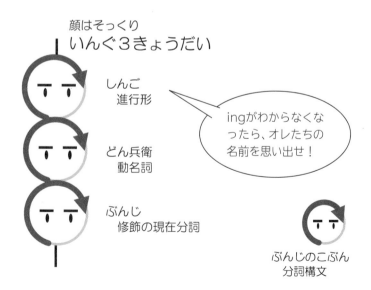

顔はそっくり
いんぐ3きょうだい

しんご
進行形

ingがわからなくなったら、オレたちの名前を思い出せ！

どん兵衛
動名詞

ぶんじ
修飾の現在分詞

ぶんじのこぶん
分詞構文

ingの顔（1）：進行形

中学の最初の方に出てくるもので、難しいものではありません。「時制」としての「進行形」です。

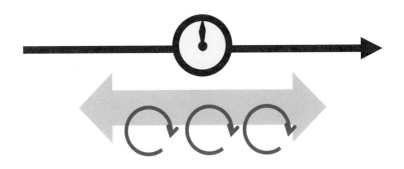

The boy is reading a book.

少年が本を読んでいる

The baby was sleeping when I came here.

私がここに来たとき、赤ちゃんは眠っていた

He was wearing a nice T-shirt.

彼はすてきなTシャツを着ていた

日本語の「〜している」は英語ではいつでも「現在進行形」だと考えるのは誤解です。実は、訳語では解釈しにくい部分があるのです。例えば、**I live in Tokyo.**は現在形でも「住んでいる」です。

英語の現在形は、「習慣」や「習性」や「いつでも変わらない事実」などを表すときに使います。それに対して現在進行形は、簡単に言えば「いま動作が実際に進行していること」を表し、理屈っぽく言うと「限られた時間の内部でいま現在、動作や状態が進行・継続していること」を表します（152ページ参照）。上の図で「ぐるぐるぐる」の記号を示していますが、これが進行しているイメージです。詳しくは126ページで説明します。

ingの顔（２）：動名詞

　中学で進行形の次に出て来る**ing**が「**動名詞**」です。

　動名詞というのは、**動詞を名詞化**するときに使います。つまり「～すること」の意味です。ショッピング、ハイキング、バッティングなどという「イングがつく名詞」が日本語でも一般化していることから、「名詞」の役割があることは理解できると思います。

I like tennis.
S V 　O

テニスが好き

I like | **playing tennis.**　　　　　名詞句の形で**O**
S V 　O

テニスをするのが好き

　　文章の構造要素の中には「名詞しかなれない」要素があります。例えば主語（S）と目的語（O）です。前置詞の後ろも基本的には名詞しかくることができません。そういう部分に、動詞または動詞で始まる語句をつけたい場合には、それを「名詞化」する必要があります。形は～**ing**にすることで、これを「動名詞」と呼びます。働きとしては「to不定詞の名詞的用法」（72ページ）に似ています。

　　例えば **I like tennis.**という**SVO**の**O**の部分は名詞しかくることができず、この例では**tennis**という名詞が入っています。ところが「テニスが好き」というよりも「テニスをすることが好き」と言いたいときに**play tennis**のままでは**O**の場所に置けないので、play部分を「名詞化」して**I like playing tennis.**と言うことができます。

　　同様に **I like watching TV.**（テレビを観るのが好き）という文章を作ることができます。名詞化した**watching TV**の部分が**like**の目的語になっています。

目的語（O）になる

Suddenly, he stopped | **talking.** |

        S   **V**   **O**   彼は突然話すのをやめた

左ページの例と同様に、**talk**の部分を名詞化して**stop**の目的語（**O**）にしています。

主語（S）になる

| **Sleeping well** | **is good for your health.**

      S   **V C**   よく眠ることは健康によい

この例だと、**sleep**という動詞に**ing**がついて名詞化して**SVC**の構文の主語（**S**）になっています。**well**は**sleep**を修飾する副詞です。

| **Being active** | **gives you more energy.**

     S   **V**   **O**   **O**

活動的であることがあなたにより多くのエネルギーをくれる

前置詞の後

He is poor at English.

S V C   彼は英語が苦手だ

He is poor at | **speaking English.** |

S V C   彼は英語を話すのが苦手だ

これは動名詞が前置詞の後についている例です。**at**は前置詞なので後ろには名詞がきますが、そこに動詞を入れられるように**speak**を動名詞にしています。ここでの**English**は**speak**という他動詞の目的語です。

Thank you for | **coming today.** |

               きょうは来てくれてありがとう

ingの顔（3）：前置修飾

　～**ing**の形で見た目はまったく同じでも～**ing**は名詞を形容する働きも
できます。「分詞の術」の現在分詞です。（110ページ）

a sleeping baby
眠っている赤ん坊

a crying girl
泣いている女の子

単語レベルだから
前かごに載る

　名詞修飾の自転車リヤカー理論（18ページ）でいえば、**sleeping**や**crying**は
短い単語レベルの修飾なので前かごに載ります。

A man was holding a sleeping baby.
男の人が眠っている赤ん坊を抱いていた

Look at the crying girl.
その泣いている女の子を見てごらん

126

このing（現在分詞）は「進行」を表し、「～している最中の」というような意味です。（111ページ参照）

　同様の使い方の例を挙げると。

a swimming boy　泳いでいる男の子

a smiling face　笑っている顔

a flying object　飛んでいる物体

melting snow　融けつつある雪

rising sun　昇る朝日

現在分詞

～ing

進行

　これは、時制を表す述語動詞の「進行形」でもなければ「動名詞」でもありません。名詞を前から修飾している役割の現在分詞の形です。

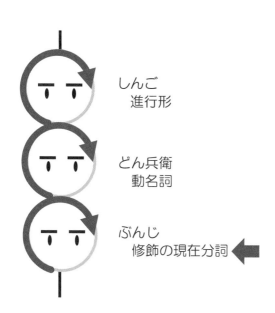

しんご
進行形

どん兵衛
動名詞

ぶんじ
修飾の現在分詞

ingの顔（4）：後置修飾

これも前と同様、形容詞の働きをしている「現在分詞」ですが、前の「前置修飾」では、「自転車リヤカー理論」の「前かご」に載せた修飾であったのに対して、こんどは後ろのリヤカー部分に載せる方法です。

a baby sleeping on the bed

ベッドで寝ている赤ちゃん

「単語以上、節未満」の
つらなり句未ちゃん

句なのでリヤカー
で後ろから
修飾するんじゃ。
（**by**名太郎）

　　a sleeping babyでは**sleeping**は単語レベルなので修飾の対象の**baby**の前に置けましたが、語が連なると、過去分詞の場合
（120ページ）と同様に名詞の後ろに置かなければなりません。

Look at the baby sleeping on the bed.

ベッドで眠っている赤ちゃんを見て

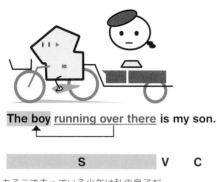

The boy <u>running over there</u> **is my son.**

| | S | V | C |

あそこで走っている少年は私の息子だ

　日本語にした「訳語」で言えば進行形の場合も現在分詞が修飾の形で使われる場合も、どちらも「〜している」なのですが、働きがまったく異なることがわかったと思います。

　この後置修飾の部分を関係代名詞の「節」にして **The boy who is running over there is my son.** も同等の意味になります。その場合には、**is running**は節の中の述語動詞になって進行形の時制です。

現在分詞（ing）になるのか過去分詞になるのか？

　修飾されている名詞が「動作主側」ならば現在分詞（〜**ing**）になります。

There is a lot of snow covering the roof.

屋根を覆っているたくさんの雪がある

　修飾されている名詞が「される側（目的語側）ならば過去分詞（110ページ）になります。

The house has a roof covered with snow.

この家は雪で覆われた屋根を持つ

covering

covered

ingの顔（5）：知覚動詞との組み合わせ

「知覚動詞」というのは、**see, hear, watch**などですが、これと〜ingを組み合わせた構文があります。

I   **saw**   **a boy**   **reading a book.**

I saw a boy reading a book.

私は少年が本を読んでいるのを見た

I heard someone singing.

誰かが歌っているのが聞こえた

I felt something touching my foot.

何かが私の足を触っているのを感じた

> これも「ドスン・キャ」のリズム（84ページ）でとらえることができます。つまり、目的語（**O**）を他動詞（**V**）で知覚するわけですが、「**O＝doing**」するのを知覚するというイメージです。

補語の部分を原形や過去分詞にすることもできます。

現在分詞だと「（まさに）しているのを見る／聞く」という「一時的な場面」の知覚ですが、原形では「その行為の一部始終を見る／聞く」イメージです。

I saw a boy enter the room.

少年が部屋に入るのを見た

過去分詞だと「されるのを」のイメージです。

I saw a man taken to the hospital.

男の人が病院に運ばれるのを見た

ingの顔（6）：go＋doingの形

goのあとに〜**ing**がつくと、「余暇などを楽しみに行く」の意味になります。

We often go camping.

私たちはよくキャンプしに行く

camping

I went shopping at the supermarket.

私はスーパーマーケットに買い物をしに行った

We went hiking in the park.

私たちは公園でハイキングしに行った

go swimming　泳ぎに行く

go camping　キャンプに行く

go out drinking　呑みに出かける

> この場合の**go**は移動に主眼がなく、行った先ですることに主眼があります。ですから前置詞は到達を表す**to**ではなく、**at the supermarket**や**in the park**のように場所を表す前置詞が使われます。
>
> また、「何かを探索に行く」の意味にもなります。
> **He went looking for a job.**　彼は仕事を探しに行った

同じ**go〜ing**の形で、様態を表すこともあります。

He went running to the theater.

彼は劇場まで走って行った

go

running

ingの顔（7）：分詞構文

　中学の英語では出てきませんが、「中学の英語で読める」などと銘打つ読み物にも実際は分詞構文がよく出てきます。分詞構文とは、分詞が導く節で副詞的に情報を付け加えるものです。

A bear
was walking
through the woods

looking for food

I had dinner

watching TV

　特に、やさしい読み物などの中でしばしば登場するのが、「〜しながら」を意味する使い方です。（これは「付帯状況を表す分詞構文」と呼ばれます）

A bear was walking through the woods <u>looking for food</u>.

熊が<u>食べ物を探しながら</u>森の中を歩いていました

（「やさしい英語で読むイソップ物語」（Jリサーチ出版）の最初の文章より）

I had dinner <u>watching TV</u>.

<u>テレビを観ながら</u>夕食を食べた

分詞構文というのは、例えば、「接続詞（**when, as, while, because**な
ど）と主語を省略して、その場合に動詞を現在分詞（**〜ing**）に変える」と
いうものです。ただし省略できるのは、文脈からわかる場合だけです。主
語だけを省略して接続詞を残す場合もあります。主語が「文脈からわかる」
のはたいていの場合、ふたつの節の主語が同じだからです。

　前ページの例でいうと、ひとつめの文ではどちらの節も主語は **a bear,**
ふたつ目の文はどちらの節も主語は**I** です。

　日本語の場合で考えると「〜して、…した」に相当するような感じです。
例えば「試合に勝って、うれしかった」は「勝つ」が「嬉しい」の「理由・原
因」（**because**）で、「ペンを取り出して、書いた」は「動作の連続」（**and**）
だし、「道を歩いていて、友達に会った」は「歩いていたときに」という
「時」（**when**）を表します。日本語でも接続詞を省略するように、英語でも
分詞を使っていろいろなことを簡潔に言えます。

　新聞記事やビジネス文書などでは、この分詞構文はしばしば出てくるの
で、ぜひ参考書で「分詞構文」の詳しい説明を確認してみてください。

分詞構文になると、主語や接続
詞が外れて身軽になりますの
（**by**節子）

ingを見分ける

　非常によく質問されるので整理します。「だいたい」
こんな感じです。

1）全体がSかVかOかCになっている

（**ing**部分がなければ文章の構造が成り立たない）場合

S	V	
S	V	O
S	V	C
~ ing	be+ ~ ing	~ ing
		進行形 動名詞

A boy is <u>dancing</u> on the stage.

少年がステージで踊っている（進行形）**be**動詞の後…**進行形**

Dancing in front of people is **fun.**

人前で踊ることは楽しい（動名詞で**S**）主語…**動名詞**

Being a dancer makes **me** **happy.**

ダンサーでいることが私を幸せにする（**SVOC**の**S**）…**動名詞**

He likes **dancing in front of people.**（**SVO**の**O**）…**動名詞**

彼は人前で踊るのが好きだ

2）前置詞の直後なら動名詞（*前置修飾以外）

He is good at <u>baking cakes</u>.　彼はケーキを焼くのがうまい

Thank you for <u>sending an email</u>.　eメールを送ってくれてありがとう

I had a problem in <u>finding a space</u>.　スペースを見つけるのに困った

1），2）以外

名詞の後ろにあれば**後置修飾の現在分詞**

The boy <u>dancing on the stage</u> is my friend.

ステージで踊っている少年は私の友だちだ

Look at the girl <u>singing on the stage</u>.

ステージで歌っている少女を見てごらん

I know the man <u>cleaning the room</u>.

私は部屋を掃除している男の人を知っている

名詞の前にあれば**前置修飾の現在分詞（または形容詞）**

I saw a <u>dancing</u> boy.　踊っている少年を見た

I took photos of <u>falling</u> leaves.　私は落ち行く葉の写真を撮った

　ただ、形はまったく同じでも働きは異なることも多いですから、どうしても文脈の理解が必要です。

My hobby is playing golf.

私の趣味はゴルフをすることです（動名詞）

My husband is playing golf.

私の夫はゴルフをしています（進行形）

　形が同じでも働きが違うのはingに限ったことではありません。形だけでは区別できないこともあります。理解をすることが重要です。

I met a girl in a room.

部屋で少女に会った（**in a room**は副詞句）

I met a girl in a dress.

ドレスを着た少女に会った（**in a dress**は**girl**を修飾する形容詞句）

to不定詞とingの違い

　ここまでの説明でto不定詞の名詞的用法（72ページ）もingの形の動名詞（124ページ）も同じように「名詞としての働き」をしていることがわかると、to不定詞の場合と動名詞の場合でどのような違いがあるのだろうかという疑問が当然湧いてくると思います。

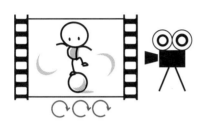

〜ing　実際

to不定詞　概念

　簡単に言うと、
　ingはどちらかというと「名詞的」で、**実際の行為や実際に思い浮かべられるような行為**を表します。ビデオや映画のシーンを切り取ったようなイメージで考えると理解しやすいと思います。

　一方、
　to不定詞は「動詞機能的」で、実体のない**概念や願望、希望や意図**などを表します。to不定詞はその性格から未来のことによく使われます。

　動名詞を取る場合とto不定詞を取る場合で、意味が違ってしまう動詞や、どちらかにしか取れない動詞があります。

動名詞とto不定詞で意味が違ってしまう動詞

try 〜ing「試しにやってみる」(実際)

I tried pushing the button. ボタンを押してみた

try to「しようとする」(意図)

I tried to push the button. ボタンを押そうとした

remember 〜ing「したのを覚えている」(実際)

I remember posting the letter. 手紙を投函したのを覚えている

remember to「忘れずにする」(意図)

I'll remember to post the letter. 忘れずに手紙を投函する

forget 〜ing「したのを忘れる」(実際)

I forgot posting the letter. 手紙を投函したのを忘れた

forget to「するのを忘れる」(意図)

I forgot to post the letter. 手紙を投函し忘れた

動名詞しか取れない動詞

enjoy 〜ing(実際の行為を楽しむ)

I enjoyed playing tennis. テニスをするのを楽しんだ

stop / finish 〜ing(実際の行為をやめる)

I stopped singing. 歌うのをやめた

to不定詞しか取れない動詞

decide (未来的意図)

promise (未来的意図)

hope / wish (未来的希望)

　迷ったら辞書を引いてみます。ingを取るかto不定詞を取るかは辞書の中に目立つように書いてあります。

itの正体（1）：代名詞　それ

itの使い方もたくさんあります。itが何を指すかがわからないまま英文を読んでいると話が理解しきれません。itを無視していると、それが習慣化して、文の構造を理解しない癖がついてしまうので、気を付けなければなりません。すでにその癖がついている人は、ここを読んで一度立て直してください。まずは簡単なitから説明します。

I like soccer. It's exciting.

私はサッカーが好き。それ（サッカー）はわくわくするから

I talked with him for hours. I enjoyed it.

私は彼と何時間も話した。私はそれ（話したこと）を楽しんだ

　代名詞としての**it**は、すでに述べたことや話題に挙がっているものなどを指して「それ」を意味するのが基本です。**he**や**she**と同じ「人称代名詞」のひとつで、男なら**he**で女なら**she**で中性だったら**it**という考え方です。話の中で話し手と聞き手が共通して「ああ、あれのことね」と理解しあえているものを指します。

　Who is it?　どなたですか？

　のように聞き手や話し手がまだ知らない人・物を指すこともあります。男だか女だか何者だかがわからないから人間でも**it**で表します。

　前に言っていることの内容なども**it**で表します。また、**"do it"**の形で動作全体を置き換えている場合もあります。

　I didn't want to attend the meeting, I had to do it.

　会議には出たくなかったけど、出なければならなかった

itの正体（２）：時空間

天候・日付・時間・距離・気温・明暗などを述べる文の主語としてitが使われます。

It's hot today.　きょうは暑い

It was Sunday yesterday.　きのうは日曜日だった

It's 9 o'clock.　9時です

It's getting dark.　だんだん暗くなってきてる

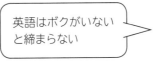

英語はボクがいないと締まらない

　日本語で天気やその場の雰囲気や時刻などを表現する時、「暑いね」「暗いね」「9時です」などと言います。「何が？」と聞き返す人はいません。主語が省略されるのは日本語では普通ですが、「幾何学」でできている英語ではそれが「普通」というふうに処理できないようで、**SVC**の形にするために**it**という主語を置きます。形を成り立たせるものなので日本語にする必要はありません。

　itは「意識上の時空間」を指していると捉えられます。

　漠然とした状況を指して、**It's your turn.**（君の番だよ）　**I made it.**（やったぞ）などとも言います。

itの正体（3）：形式主語

　SVCの形を作るとき、**S**（主語）が長くなってしまう場合があります。そうなると「頭でっかち尻すぼみ」の文章になってしまい、意味が伝わりにくくなる場合があります。そのときに「形式主語」（または「仮の主語」）という形が作られます。

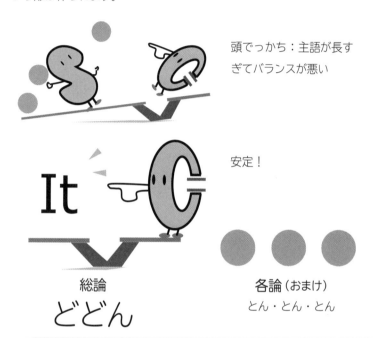

頭でっかち：主語が長すぎてバランスが悪い

安定！

総論
どどん

各論（おまけ）
とん・とん・とん

　「内容のない**S**」、つまり「形式主語」**it**を主語の場所に置いて、とりあえず**SVC**を成り立たせてから、その内容「意味上の主語」を補語（**C**）の後の「おまけ」（とん・とん・とん）のところに置いて文章を安定させるのがこの方法です。
　きれいな日本語で考えようとすると頭を使うので、「〜だ、〜のは」という順に理解するほうが簡単です。
　It is fun to drive a car. 楽しいよ、運転するのは
　⇒きれいな日本語で言うと「運転するのは楽しい」

形式主語の場合の**it**の意味は空っぽです。ほんとの主語は「おまけ」部分にあります。

「おまけ」のところになれるのは次のようなものです。

1）to不定詞

It is good to walk every day.　　良いことだ、毎日歩くのは

It is my honor to be here today.

光栄なことです、きょうここにいられることが

「誰にとって」「誰が」を示したいときは**for**を入れて示します。

It is not easy for me to study everyday.

簡単じゃない、私にとって、毎日勉強するのは

It's natural for him to get angry.　　当然だ、彼が怒るのも

2）that節

It is clear that he is the best player.

明確だ、彼が一番のプレーヤーだということは

It is said that she likes sweets.

言われている、彼女は甘いものが好きだと

3）疑問詞

It doesn't matter who you are.

関係ない、あなたが誰であろうと

It was uncertain whether he would come.

確かじゃない、彼が来るかどうか

　※似たような形で「強調構文」というものがあります。2）や3）の形式主語との違いは、SVCのC（補語）には形容詞は入らないことです。

It was Ken who arrived first.

ケンですよ、最初に到着したのは

　S　V　　C（名詞）

itの正体（4）：形式目的語

前のページでは「形式主語」でしたが、こんどは「形式目的語」です。これは高校レベルの項目です。

総論

どどん

各論（おまけ）

とん・とん・とん

I found it easy <u>to study English</u>.

簡単だと分かった、英語を学ぶのは

⇒きれいな日本語で言うと、「英語を学ぶことは簡単だとわかった」

SVOCの型の文の中で、**it**を「形式的に」目的語（**O**）の場所に置いておいて、補語（**C**）を挟んで後に続く部分（句や節）を意味上の目的語にする形です。「頭でっかち」ならぬ「お腹でっかち」を防いで、意味が伝わりやすくする方法です。

to不定詞のほか、**that**節が使えます。

I think it impossible <u>that he didn't know that</u>.

あり得ないと思う、彼がそれを知らなかったなんて

itを見分ける

　形式主語や形式目的語を習ったばかりの人は、「この**it**は形式主語かも」と思ってしまいがちですから気をつけてください。

　形式主語は**it**が**SVC**の**S**になっているときであり、しかも141ページのような使われ方に限られます。形式目的語は前ページのように**SVOC**で**it**が**O**になっている場合に限られます。

　It is/wasなどで始まる**SVC**型でなければ形式主語の可能性は消え、さらに**to**不定詞、**that**、疑問詞でなければ形式主語の可能性は消えます。

It could be true that he was sick.

彼が病気であったことは本当かもしれない（**SVC**型で**that**節の形式主語）

　形式主語でなかったとき、**It**で始まっているときに「時空間の**it**」（139ページ）の疑いがあります。

It's getting dark outside.　外が暗くなってきた

It took three hours by bus.　バスで3時間かかった

　まず疑うのは、「前に出た特定のものを指す」代名詞です（138ページ）。

I like this book because it's so interesting.

私はこの本が好きだ、とても面白いから（**it**は**this book**を指す）

He recovered. It shows that the medicine works.

彼は回復した。それは薬が効いたことを示している

（**it**は「回復したこと」を表す。**SVC**ではないので形式主語ではない）

I like this shirt. It's easy to wear.

私はこのシャツが好き。それは着やすい（**it**は**this shirt**を指す）

　これは形式主語に似ていますが、**wear**の目的語が不足しているので**to**不定詞の副詞的用法です。

It's easy to wear this shirt. なら、「このシャツを着るのはたやすい」という形式主語です。

it, this/thatとの違い

わかったようで意外にわからないのが、**it**と**this/that**との違いです。

日本語では、近いものを指すのが「これ」、中くらいが「それ」、遠いのが「あれ」。つまり「近・中・遠」の三段階あります。ところが英語の指示代名詞は「近・遠」の2段階しかありません。つまり**this**（これ）と**that**（あれ）だけです。「ちょっと待って、**it**は"それ"って習ったけど……」と思う人も多いと思いますが、**it**は「中」ではありません。**it**は、一度頭の中に納まったものを指すときに使う「人称代名詞」です（138ページ）。

物理的に指さす対象が**this**や**that**であるのに対して、**it**は「頭の中にある」ものです。「それ取って」と指さす「それ」は**that**で、「あれって何？ああ、あれのことね」「そう、それ」の「それ」が**it**です。

this　　−　　that
これ　　それ　　あれ

this　　that
これ　　それ

人を紹介するときには、いきなり"**He is Taro.**"のようには言わず、最初は物理的な人として"**This is Taro.**"と言って一度お互いの頭の中に入れた後で"**He likes dogs.**"のように人称代名詞に置き換えます。**this**や**that**は物理的なものではなくて、話の流れの中での「それ」を指すときもありますが、相手が言ったことは**this**でなくいつでも**that**になるので**That's right.**（そうです）**That's a good idea.**（良い案だ）のようになります。

this
この人

he

that
それ

　この本の文法の旅ももうすぐ終わりです。基礎の方はだいぶ踏み固め
たところで、もっと入り組んだ道を探検しましょう。中3レベルです。

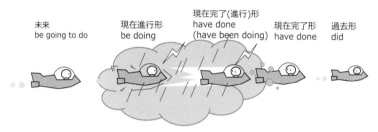

未来
be going to do

現在進行形
be doing

現在完了(進行)形
have done
(have been doing)

現在完了形
have done

過去形
did

「過去形と現在完了形の違いがわからない」という質問を何度も受けた
ことがあります。日本語が「〜しています」となっていると自動的に進行
形にしてしまう人も多いです。なぜわかりにくいのでしょう。

　日本語の時制の表現は貧弱で、形だけでは時制を細かく判別できません。
「過去なのか完了なのか」、「現在なのか未来なのか」、それらは日本語では
文脈に左右されることがあります。例えば、「彼は大学を出ています」と
いうのは「〜している」の形だからといっても「現在進行形」ではなく、経
験を表しています。現在完了の英文を「本を読んでしまった」などと訳す
ことがありますが、これは「本を読んだ」という過去時制と区別するために
言い分けようとしているものですが、「〜してしまった」というのはなんだ
か好ましくないことを「やっちまった」を意味しますよね。

　日本語訳語を使って時制を解釈しようとすると、英文のほんとうの意味
を理解することができず、理解したつもりでも忘れてしまったり、いつまで
もモヤモヤが残ったりします。ここでは時制を中心にその感覚がつかめる
ように説明していきます。

まず、動詞のいろいろ

　訳語で時制を解釈するには限界があるので、イメージでとらえることを試みます。その際、動詞をいくつかのタイプに分類して、それを意識すると、進行形や完了形の感覚を理解しやすくなることがあります。

　同じ現在形でも、日本語訳語にすると全部が「〜する」になるわけではなくて、現在形でも「〜している」になる動詞があります。後者はだいたい「状態」を表す動詞です。(注：どちらの意味も表す動詞もあります)

A 状態を表す動詞

「ある」「いる」や、現在形でも「している」の意味になるような動詞です。

be動詞　（である・にいる）

live　（住んでいる）

know　（知っている）

believe　（信じている）

love　（愛している）、**like**　（好きだ）

want　（欲しい）

B 動作を表す動詞

　現在形で「〜する」の意味になる動詞です。動作を表す動詞の中でも、**walk**のように継続できる動詞と、**start**や**stop**や**finish**のように「経過を経て1回で終わってしまい繰り返すことができない動詞」があります。

B1）継続・繰り返しができる動詞

　walk（歩く）、**run**（走る）、**drink**（飲む）、

　play（する）、**jump**（飛ぶ）

B2）1回で終わってしまう動詞

　start（始まる）、**stop**（止まる）

　finish（終える）、**arrive**（到着する）、

　reach（達する）

Aの「状態を表す動詞」は、現在形で「継続している状態」を表すので、進行形にしなくても現在形で「～している」の意味を表せます。

　一方で、**B**の「動作を表す動詞」は、進行形にしてはじめて「継続している状態」、つまり「～している」の意味を表すことになります。

　動作を表す動詞を進行形にすると、

B1）継続・繰り返しできる動詞のとき

　walk： **I'm walking.**

　　　　　　私は歩いている　　　　　　⇒連続する動作の継続

　jump：**I'm jumping.**

　　　　　　私は跳ねている　　　　　　⇒瞬間の動作の反復

まず、動詞のいろいろ（つづき）

B2）1回で終わる動詞を進行形にすると

start：The show is starting.

> ショーは始まりつつある　⇒もうすぐ起こる

arrive：I'm arriving at the station.

> 駅に到着しつつある　⇒もうすぐ達成する

build：I'm building a house.

> 家を建てている　⇒達成への過程の最中

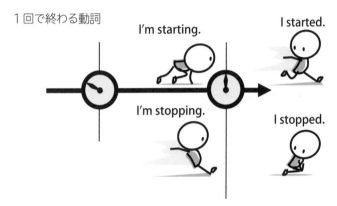

1回で終わる動詞

I'm starting.　I started.

I'm stopping.　I stopped.

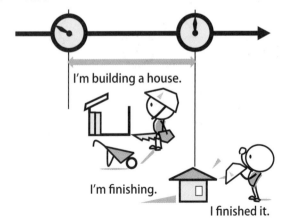

達成する動詞

I'm building a house.

I'm finishing.

I finished it.

状態と動作の比較： 例えば**wear** と **put on**、**wear**という動詞は「着る」という訳語でとらえがちですが、**wear**は基本は「着る」という動作ではなく、たとえ短い時間であれ「着ている」という「状態を表す動詞」です。「着る」という「動作」は**put on**で表します。

wear　　put on

He usually wears T-shirts.

彼はたいていTシャツを着ている　⇒状態の習慣　（150ページ）

He is wearing a T-shirt.

彼はTシャツを (今) 着ている　⇒限られた時間内の状態　（155ページ）

He usually puts on T-shirts in his room.

彼はたいていTシャツを彼の部屋で着る　⇒動作の習慣　（153ページ）

He is putting on a T-shirt.

彼はTシャツを着ている最中だ　⇒動作の進行中　（152ページ）

中学1年の最初で出てくる時制

I live in Tokyo.（私は東京に住んでいる）や

I once had a dog.（私はかつてイヌを飼っていた）は

Aのタイプで、現在形や過去形で「状態」を表します。

　中学での学習は「現在形」から始まります。その際に自己紹介のような文章が教科書では多く出てきますが、それは現在形ではそのような「状態」「習慣」「習性」のようなものしか表せないからです。

中学1年の教科書の文章

Hi. I'm Taro.　私は太郎です

I live in Tokyo.　東京に住んでいます

I like animals.　動物が好きです

I have a cat.　ネコを飼っています

I sometimes play the guitar.　ときどきギターを弾きます

現在形って何だ？

「現在形」は名前は「現在」とはいうものの、「目下行われていること」を言っているわけではありません。

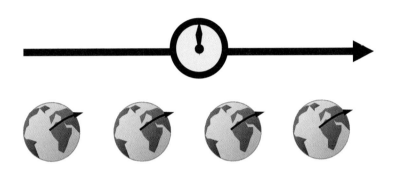

This book tells important stories.

この本は重要な話を伝えています

The earth rotates on its axis.

地球は地軸を中心に回っています

　例えば上の例は、時間の境界のはっきりしない（いつから始まり、いつまで続くかのはっきりしない）、「変わらない事実」を表しています。

「過去形」というのは過去の実体や過去の事実を表し、また「現在進行形」も現在の実体や事実を表しますが、「現在形」は「個々の事実」というより、変わらない「状態」「性質」や「習慣」や「習性」などを表します。

I have breakfast.

これは「食べる」という個々の動作ではなく、「朝食を食べる」という「日々の習慣」を表します。

He always complains. 彼はいつだって文句を言う

I go to school by bus. 私はバスで学校に行く

これらは「動作」を表す動詞でありながら、現実の個々時々の動作を表すわけではなく、言っている事実が「いつから始まった」とか「いつまで続く」といった時間の境界のはっきりしない時間軸の中での「今」の「習慣」や「反復行動」や「習性」などを表します。

Shinkansen runs at the maximum speed of 320 km.

新幹線は最高速度320km/hで走ります

Smoking causes many diseases.

喫煙は多くの病気の原因になる

これらのように、習性や能力も現在形で表します。

進行形って何だ？

　現在形がわかったところで「じゃあ進行形って何だ？」について説明します。

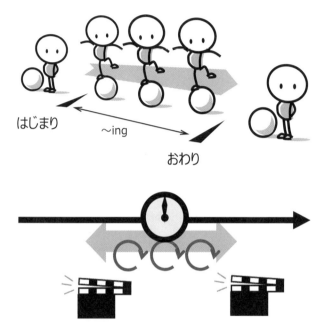

はじまり　～ing　おわり

He's walking.
I'm having breakfast.

> 　**have**という動詞は、「持っている」という意味では「状態を表す動詞」ですが、「食べる」という意味では「動作を表す動詞」です。
> **I have breakfast.**
> 　という現在形は「朝食を取る」という現在の「習慣」ですが、
> 　**I'm having breakfast.**　という現在進行形になると、「（今）朝食を食べているところ」ということになり、「食べ始め」と「食べ終わり」の境界が存在し、それが「今」行われているという、まさに「動作の最中」であることを表します。つまりその動作が実際に継続していることを表します。

現在形と進行形の違い

　I'm walking.のような、はじまりとおわりの境界のある「実際の動作」が
繰り返されて、しかもそれがこの先も続いて、はじまりとおわりの時間の境
界がぼんやりすると、それは現在の「習慣」として表されるので、現在形で
表されるのです。

I walk to the station once in a while.

ときどき駅まで歩きます

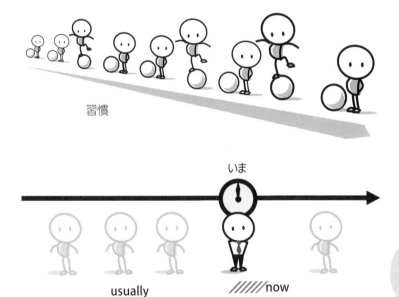

習慣

いま

usually /////now

He usually wears T-shirts, but now he is wearing a tie.

いつもはTシャツを着ているのに、いまはネクタイをしている

　のように恒常（はじまりとおわりのない習慣）と時限（はじまりとおわ
りがある時限的な継続）を対比するような言い方が可能です。

現在形と進行形の違い（つづき）

What do you do（for a living）?

　これは職業をたずねるときに使われる表現ですが、「現在の状態・習慣」をたずねています。一方、

What are you doing?

　は、「はじまりとおわりのある」限られた時間内、つまり「（いまこの瞬間に）何してるの？」を意味することになります。

What do you do?
何をなさってるの？

I run a company.
会社を経営してます

What are you doing?
あんた、何してんのよ

　日本語の「〜している」は進行形になるとは限らないということです。

例えばliveは「住んでいる」という「状態」を表します。例えば **I live in the city.**なら「私は都会に住んでいます」の意味で、時間の境界がぼんやりとした表現になります。

もしこれが「現在進行形」になって**I'm living in the city.**になると、はじまりとおわりの時間的な境界があることを表すことになって、単身赴任中や留学などで限られた期間だけ「都会に住んでいる」ことを示すことになります。

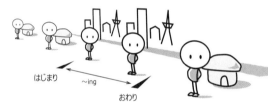

I think 〜. なら「こう考える」のように自分の考えを述べるような、「変わらない状態」を表しますが、

I'm thinkingだと「考え中」とか「〜だと（今は）考えている（今後考えが変わるかもしれない）」のような意味になります。

I'm thinking of her. 彼女のことを考えているんだ

I'm thinking about leaving the company.

会社を辞めようかと考えているんだ

過去形と過去進行形の違い

　過去形は「現在とは分離した過去の動作や状態」を表します。

　I had breakfast. なら、現在から切り離された、「食べ始めから食べ終わりまでの一連の過去の動作」を表します。

　過去の進行形（**was/were ～ing**）は、過去のある時点でその動作の最中（継続中）だったことを表します。

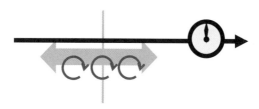

I was having lunch when I got a phone call.

電話が来た時、私は昼食を食べていた

I'm having lunch now.

今、昼食を食べているところです（現在進行）

I usually have lunch at this hour.

私はたいていこの時間に昼食を食べます

（現在＝習慣）

I got a phone call from my boss.

上司からの電話を受けました（過去）

I was having lunch then.

私はそのとき昼食を食べていました（過去進行）

I'll be having lunch at the same time tomorrow.

明日も同じ時間に昼食を食べているでしょう

（未来進行形）

過去形と現在完了形の違い

　過去形と現在完了形の違いについて、モヤモヤしている人はたくさんいると思います。ここではそのモヤモヤを解消します。時制を表す日本語は非常に貧弱ですから、日本語の訳語で考えている限り、現在完了を理解するのは難しいです。イメージで考えてください。

気持ちに「けりがついていない」現在完了

✎ 加古ケリー

過去に「けり」を
つける女、加古ケ
リーです。

気持ちに「けりがついている」過去

　現在完了は「経験」「継続」「完了（結果）」などと表現されますが、これらに共通しているのは、「気持ち的に現在とつながっている」ということです。それが単純な「過去」との違いです。「気持ちのつながり方」によって「経験」「継続」などに区分されます。

　気持ちとして「けりがついた」ことなら「過去」で「けりがついていない」なら「現在完了」です。
　ちなみに、「けり」というのは古い日本語で「過去」を表わす助動詞で、昔は「たり」が完了を表す助動詞でしたが、現代日本語では「けり」がなくなって「たり」が「た」の形で残ってそれが「過去」を表すようになったそうです。「けりをつける」とは「けりという助動詞をつけることで過去形にする」の意味だそうです。

現在完了形（継続用法）

「継続用法」というのは、状態に「けり」がついていないのです。つまり過去から引き続いていて「まだ終わっていない」のです。

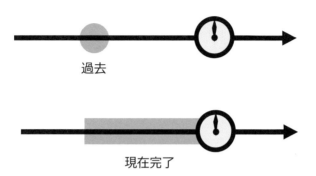

過去

現在完了

We've been friends since two years ago.

私たちは2年前から友達です

We have walked for three hours.

私たちは3時間歩いてきた

動詞の区分でいえば、liveやbe動詞などの「状態を表す動詞」が相性がいいです。

動作を表す動詞の場合には「動作を継続してきた」「習慣を継続してきた」を表すことになります。

相性の良い副詞（句・節）は

since 期間の起点を表す前置詞/接続詞 **since 2012, since I moved here** など）

for 期間の長さを表す前置詞（**for three days** など）

「点」としての時間ではなく、「帯」としての時間の話をするからです。

逆に、過去の「点」を表すような語句（**yesterday, at two o'clock, two days ago, last week**など）といっしょに使うことはできません。

状態を表す動詞の「継続」

We've been friends since two years ago.の場合、

①友だちになったのは過去の出来事、②今も友だちなのは現在の状態、③その状態が継続しているのが現在完了。①〜③すべてが事実で、どこを視点にするかによって時制が変わるのは当然です。

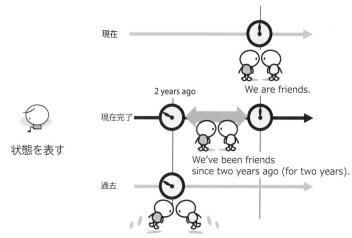

状態を表す

現在　We are friends.

現在完了　2 years ago　We've been friends since two years ago (for two years).

過去　We became friends two years ago.

継続できる動作を表す動詞の「継続」

１）動作の「継続」

We have walked for three hours.

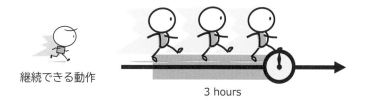

継続できる動作

3 hours

２）習慣の「継続」

I have walked every morning for three years.

私は3年間、毎朝歩いている

現在完了形（結果用法）

　この「結果用法」の場合、何がどう現在とつながっているのかというと、過去の動作の「結果」が現在まで影響しているということです。現在の学校の教科書では「完了」の中で説明されています。

もういない

The bus has left the bus stop.

バスはバス停を出てしまった（だからもういない）

　「つながっているかどうか」つまり「過去か現在完了か」は、気持ちの問題です。
　繰り返しですが、現在完了形のポイントは「気持ちがつながっている」という点です。「動作から何分以上経ったから過去で」……などというかっちりした規則は存在しません。

　よく参考書で「お財布をなくしてまだ見つかっていないなら『結果』を表す現在完了形を取る」というような説明がありますが、それは正確ではありません。探すのをあきらめたところで気持ちとしては「けり」がついているので、見つからずとも「過去」になることもあるわけです。

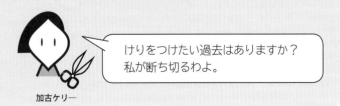

けりをつけたい過去はありますか？
私が断ち切るわよ。

加古ケリー

160

「到達・達成の動作」の動詞の「結果」

　1回で終わるような「到達・達成の動作」の動詞が相性がよいです。動作の結果が何かしらの変化をもたらす場合です。

I have reserved the hotel. 例のホテルを予約してある

　予約した結果として、今も予約が生きているということを表しています。「だから改めて予約する必要がない」という意味を含みます。

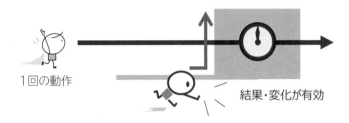

1回の動作

結果・変化が有効

The time table has been revised.

時刻表が変更になっている（現在完了の受動態）

　変更されたという動作の結果として、前とは違う時刻表になっているということです。「前の時刻表は使えない」という意味を含んでいます。

He has gone to London. 彼はロンドンに行っている

　行ってしまっていて、結果として彼は「ここにはいない」ということです。動作の到達・達成による結果や変化が現在とつながっています。

数量などの変化による「結果」

His salary has increased by 10%.

彼の給料は10%上がった

　上がったという結果を表しています。

現在完了形（完了用法）

　「完了用法」は、「結果」と同じ区分で説明されることが多いです。この場合では現在と過去の何がどのようにつながっているかというと、動作の到達・達成・終了の「余韻」です。

1回の動作

The guest has just arrived in Tokyo.

客はちょうど東京に着いたところだ

I have just called you.

ちょうどあなたに電話をしたところだ

Have you finished your homework yet?

宿題はもう終わった？

　「ちょうど〜したところ」とか例えば「たった今終わった」とか「やったぞ」というような気持がつながっているのです。
　「1回で終わってしまう動詞」との相性がよいです。

　相性のよい副詞（句・節）は、
just（ちょうど）
yet（否定文で「まだ」、疑問文で「もう」）
already（もう、すでに）
などです。

継続する動作が使われることもありますが、やはり「到達・達成」の動詞が相性がよいです。

I have finished my homework.

「宿題を終わらせた」は、文脈により「終わらせたぞ」という「達成感」を表すことがあります。

I have finished lunch.

「昼食を済ませた」は、「結果」として「お腹がいっぱい（だからもう食べない）」という「結果」の意味もありますし、「ちょうど～したところ」ということの意味も表せます。

I've finished lunch.
もう食べる必要ない
（お腹がいっぱい）

I've finished lunch.
ちょうど終わったところ
（出かけられる）

現在完了形（経験用法）

この「経験用法」は、現在と何がどうつながっているかというと、「経験や事実として、今も保持している」ということです。

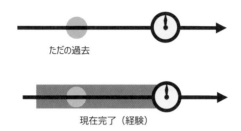

ただの過去

現在完了（経験）

「経験」は時間軸では各々の動作や状態の経験自体は時間の縁取りのある、けりがついた「過去」ですが、それが現在の気持ちとつながっているということです。

相性のよい副詞は**ever**（かつて）、**never**（かつて～ない）、**before**（以前に）、**once**（かつて一度）、**so far**（いままでのところ）などです。
everというのは「いつも」の感じで「時間的な広がり」を表す語ですが、完了では「かつて」のような意味になり、それを否定にしたのが**never**です。

状態

I have lived in Tokyo before.
私は以前、東京に住んでいたことがある（状態の経験）

継続できる動作

I have walked around Tokyo before.
私は東京周辺を歩いたことがある（動作の経験）

1回の動作

The carpenter has built 10 houses so far.
その大工はこれまで10軒の家を建てた（到達・達成の経験）

He has never finished his job in time.

彼は仕事を時間内に終わらせたことがない （到達・達成の経験否定）

He has not eaten eels before.

彼はうなぎを食べたことがない （動作の経験の否定）

Have you ever been to Tokyo?

東京には行ったことがありますか？

　これは参考書でしばしば見られる文です。当然の疑問として「なぜ**go**の過去分詞**gone**ではなくて**be**の過去分詞の**been**になるの？」が出てきます。これは**go**というのが日本語の「行く」に必ずしも相当するものではなく、**go**の原義は「その場からいなくなる」であることを考えると理解ができます。「行った経験」は「その場からいなくなったこと」を言っているのではなく、「行った先で何かしたこと」に焦点があるので**be**の過去分詞が使われていると考えるのがよいでしょう。

He's gone.

He has been to Tokyo

ヒント！ 英会話で重要

　初対面の外国人と英語を話す場合に現在完了形は大活躍しますから、覚えておけば会話がはずみます。

I don't think we have met.

初対面だと思います

How long have you lived in Japan?

日本に住んでどれくらいですか？

Where have you visited so far?

いまのところどこへ行きましたか

Have you heard of Kamakura?

鎌倉ってきいたことありますか？

現在完了形と過去の違い

　これはしばしばきかれる質問ですので説明しておきます。

　経験には、個々に「過去の出来事」があるはずですね。過去と完了は事実は同じでも視点が違います。

I've been to Italy.

I went to Rome in 2005
and Milano in 2008.（過去）

　現在完了形では「時間の帯」の出来事や動作を表しますから、過去の時間の点や過去の期間を表す語句と共に使われることはありません。（158ページ）

　ところが、「今朝彼に会っていない」の場合、**I didn't see him this morning.**も**I haven't seen him this morning.**もどちらも成り立ちます。**this morning**が過去ならば過去形になります。今が**this morning**の最中でまだ会う可能性があると思っていれば現在完了形になります。正午近くになってもう会う見込みがないと思ったら過去も成り立ちます。「つながっているか」の気持ちの問題です。

I haven't seen him this morning.

I didn't see him this morning.

「現在完了形は時間の帯の話をしている」という「感覚」をつかめば、過去の点や期間を表す語句とは合わないことが感覚的にわかります。「**yesterday**などは現在完了形には使えない」という「規則を暗記」するよりも、このほうがずっと楽に習得できます。

下のような文章も「気持ちの問題」です。

It has rained 300mm in the past 3 days.

この3日で300㎜雨が降った

現在完了（継続）（まだ降ることが想定されている）

It rained 300mm in the past 3 days.

過去（もうこれ以上降らないと思っている）

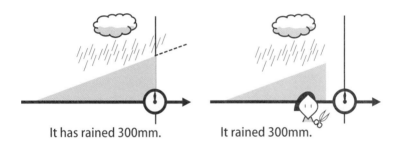

It has rained 300mm.　　　It rained 300mm.

ここまで、「経験、継続、結果・完了」というふうに分けて説明しましたが、実際の使用では厳密に深く考える必要はなく、「現在と気持ちがつながっている」という感覚だけつかんでいればよいでしょう。

加古ケリー

ここで学んだことは断ち切らないでくださいね。ただの過去にせず、経験にしてください。

助動詞と完了形の組み合わせ

　ここは少し応用です。高校レベルですがイメージで考えれば難しくはありません。

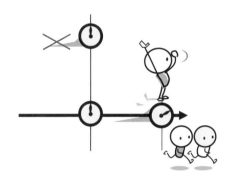

I haven't finished my homework yet, but I will have finished it before we go out for dinner.

まだ宿題は終わっていないけど、夕食に出かける前には宿題は終わらせてしまうよ

　　上の例のように、助動詞**will**を使えば、未来のあるときに「完了してしまっている」と言うことも可能です。

　should＋完了形なら「するべきだった」という意味になります。
　I would not be able to finish my homework in time.
　I should have started earlier.
　宿題を時間内に終わらせることができそうにない。もっと早く始めるべきだった

　このパターンはあとの「仮定法過去完了」(180ページ) で出てきます。

168

現在完了進行形

完了部分を進行形にすることもできます。動作の継続を表しています。継続できる動作の動詞の場合、現在完了形とあまり意味が変わらないこともあります。

I've been reading a book for 3 hours.

本を3時間読み続けている

It has been raining since yesterday.

きのうからずっと雨が降り続いている

jumpなど瞬間的に1回で終わってしまうような動作の動詞の場合は「継続」を表すためには進行形にしなければなりません。また、buildやmakeなど経過を経て1回達成するような動詞の場合にも、「継続」を表わすために進行形にしなければならない場合があります。

She has been jumping for one minute.

彼女は1分間ジャンプし続けている（瞬間の動作の繰り返しの継続）

My husband has been making dinner for hours.

夫は何時間も夕食を作っている（完成までの過程の作業の継続）

ヒント！　I'm walking.（歩いている）というのが事実でも、視点を変えて過去を振り返って達成感を感じたり、「ねえ、そろそろ休もうよ」の気分なら I've walked for hours.やI've been walking.にもなります。たとえ事実は同じでも表現は変わります。言語は単に事実を表現するものではなく、「気持ちを表すもの」なので。

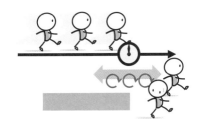

時制の一致（時の定点観測）

　時制に限らず一般に、英語と日本語では、話者の視点に違いがあります。時制に関していえば、複数の節が一文にあるとき、両方の時制を一致させることをいう「時制の一致」と呼ばれるやっかいなことも、この「視点」の考え方で説明することが可能です。

日本語：同じ舞台・臨場感　　　　**英語**：客観・定点

　一般論として、日本語は相手や第三者の世界に入り込んだ「共感」をするという特徴があります。例えば、日本語では相手の言ったことに共感すれば「はい」です。一方英語では「共感」とは無関係に、客観的に肯定文なら**yes**で否定文なら**no**です。**"Yes, I don't."**はありません。

　この感覚は時制でも同様です。過去のできごとを語るときにも、日本語は過去の自分や相手や第三者と同じ舞台に立つように、臨場感ある視点を持って表現します。例えば、「彼は来るって言ったよ」の「来る」は過去の発言のことなのに「現在」であるかのような臨場感のある表現になります。視点が過去の場面に飛んで行っていて、その場面で彼が言った「来る」をその場の視点で表していると考えられます。

　一方で、英語は自分のことに対してさえ客観視をします。例えば過去の自分自身を語る場合も、話者は当時の自分を「誰が何をした」と、まるで他人事のように語っているように思えます。

He said he would come. 彼は来ると言った

I said I would come. 私は来る (行く) と言った

英語ではこのように、**said**が過去なら**would**も過去。「他人ごと」の客観視なので視点が定点、つまり「いま」に固定されていて、**say**も**will**も、どちらも「過去」ととらえます。

日本語：視点が過去の場面に移動 　英語：視点がいまに固定
　「来ると言った」 　　　　　　　　　"He said he would come."
　（「来る」に臨場感。「言った」は過去） 　（定点から見てどちらも過去）

そこまで一旦理解します。ところが、「時制の一致の例外」とかややこしいものも参考書には出てきます。これは、「過去だって今だって変わらないこと」（不変の一般真理や、特性や習慣など）の場合には時制を一致させなくてよいということです。

I learned the earth rotates. 地球は回っていると知った

He told me that he gets up early. 彼は早起きだと私に言った

「不変の一般真理」などは、定点観測してもどこでも変わらないわけなので、変える必要がないと解釈できます。

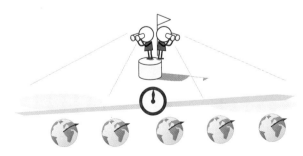

過去完了（大過去）

　現在完了を理解したあとに出て来る問題が「過去完了形」です（高校での学習項目）。ここで過去完了と過去と現在完了の使い分けがわからないという問題が出てきます。その説明をします。前に説明した「定点観測」と関係があります。

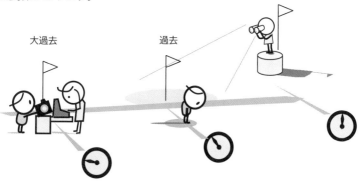

大過去　　　　　　　過去

I lost the camera which I had bought the day before.

私はその前日に買ったカメラをなくした

　過去のある時点を基準にしてそれよりもさらに前の出来事を表す場合に「過去完了形」が使われます。「大過去」という用語で理解されやすいと思います。つまり「過去よりももっと過去」です。

　ふたつの過去事象の前後関係を表す必要がない場合にはどちらも「過去時制」を取ることが多いですが、ひとつの過去事象（上の例では「なくした」）を基準にして、別の過去事象（上の例では「買った」）がそれよりももっと前であることを明示したい場合には、それを「過去完了形」で表します。

　※教科書の例文では、上の例のように「基準となる過去」を含む節を大過去を含む節と同じ文章内に置いている場合が多いですが、これは説明をしやすくするためです。実際は同じ文章内にある必要はなく、話の流れの中で「基準となる過去」ができていれば、それより前の「大過去」は単文でも「過去完了」で表されます。

過去完了（過去の時点での完了）

　過去の時点で「完了」していたことを表す言い方です。形は「大過去」と同じですが、こちらは「してしまっていた」という「完了」の意味を表す言い方です。

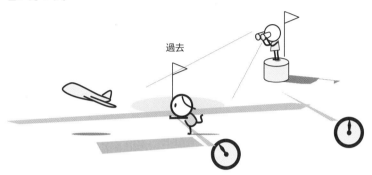

過去

When we arrived at the airport, the plane had taken off.

空港に着いたときには飛行機は離陸してしまっていた

　「大過去」とあまり変わらないのですが、大過去が「過去よりもっと過去の出来事」であったのに対して、「完了」はそうではなくてその時点で「完了」していたことを表します。

　この「完了」というのは、現在完了形の完了と同じで、「経験、継続、結果、完了」のことです。

He had experienced a lot before getting the job.

その職に就く前に彼は多くを経験していた（経験）

He had lived there for 10 years when moved in.

私が引っ越してきたときには彼は10年以上そこに住んでいた（継続）

-ed、過去分詞

　受動態や後置修飾に使われる「過去分詞」の説明からだいぶ経ってしまっていますが、「現在完了」としての**過去分詞**の使い方を勉強したところで、総まとめとして「過去分詞」の見分け方についてのプロファイリングをしてみます。細かくは言い切ることはできませんが、形が似ている「過去形」と合わせて、「だいたい」こんな感じです。（例の中には副詞が挟まった文章もありますが、「構造を見るときは副詞は外してみる」（52ページ）ことを忘れないでください。）

述語動詞部分として

主語の後に**-ed**の形だったら　**過去形**

His mother baked some bread.

彼の母はパンを焼いた

He recently published a book.

彼は最近、本を出版した

主語の後に**have**＋**-ed**の形だったら　**現在完了形**

I haven't baked bread before.

私は以前、パンを焼いたことがある

He has just published a book.

彼は本を出版したところだ

主語の後に **be**＋**-ed**の形だったら　**受動態**

This was baked by his mother.

これは彼の母によって焼かれた

The book was published in 2010.

この本は2010年に出版された

受動態と見分けがつきにくいのが**形容詞**です

The shop was closed when we arrived.　店は閉店していた

I'm <u>done</u>. / I'm <u>finished</u>.　私は済んでいます（食べ終わっています　など）

I'm <u>determined</u>.　心は決まっています

　これらは「される」の意味ではなく、「し終わった状態」を表す形容詞の使い方です。

SやOやCの一部分として-ed＋名詞の形だったら　前置修飾（前かご）
（多くの場合が過去分詞というより形容詞扱い）

We ate some <u>baked potato</u>.

私たちは焼いたポテト（ベイクドポテト）を食べた

This is a <u>recently published book</u>.

これは最近出版された本だ

Some <u>written documents</u> are available.

書かれた文書が入手可能だ

名詞＋-edの形だったら　後置修飾（リヤカー）

We ate some <u>potato baked by his mother</u>.

私たちは彼の母が焼いたポテトを食べた

He is famous for his <u>book published in 2010</u>.

彼は2010年に出版された本で有名だ

<u>Documents written in ink</u> is welcomed.

インクで書かれた文書が歓迎される

　文の構造が見えればなぜ**-ed**の形になっているのかがわかります。逆に、なぜ**-ed**になっているのかを考えることで文の構造が見えてきます。英文を読みながら、そういうことを繰り返していくと、それが自動化されるようになり、初見の文でも構造が瞬間的に見えるようになってきます。

if 単なる条件

ifで作る「もし〜」の言い方です。

未来のことを言う場合、現時点で時間のこの先の分かれ道があって、「もしこっちだったら、もしあっちだったら」を表します。想定される道がふたつあるのです。後の「仮定法」も含めて、**if**の節は「分かれ道と矢印」でイメージすると理解しやすくなります。

if節（条件・仮定）

If you like, you may stay.

そうしたければ、いてもいいよ

> この**if**の使い方は、現在の状態がどっちなのか、または未来がどっちに転ぶのかが不確実な場合に使う言い方です。
>
> 上の図の例では、現在の状態が「条件」となってふたつに分かれる道ができていて、そのいずれかのケースの話をしています。
>
> 右のページでは、この先の状況や動作が「想定」となってふたつに分かれる道ができていて、そのいずれかのケースの話をしています。
>
> ちなみに**if**は**when**と同じように「従属接続詞」(61ページ)の仲間ですから、**if**に従う節（if節）は主節と順序を入れ替えることができます。

If it rains tomorrow, I'll stay home.

明日、雨が降れば、家にいる

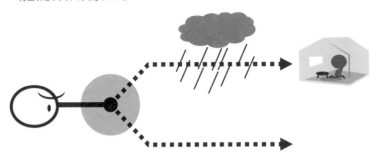

　日本語の「彼に会ったらこれを渡して」と言う場合にはふた通りあって、「会うかどうかわからない」場合と「きっと会うのだろうという会う前提」の場合があります。前者は**if**を使った条件文になりますが、後者は接続詞**when**を使った言い方になるので注意してください。

　"When I return your car, I'll fill the tank."なら、必ず車を返却するのですが、**"If I return your car, ..."**なら、車を返却するかわからないことになります。

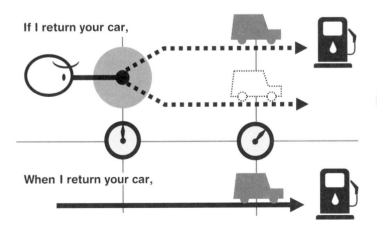

if節内も**when**節内も、未来のことでも現在形にします。

仮定法過去

　この項目は2021年度から中3で教えるようになった項目です。

　仮定法過去というのは、実際とは違う仮想の世界を想った気持ちを表したもので、仮想の世界での「状態」を語ったものです。分かれ道と矢印でイメージします。

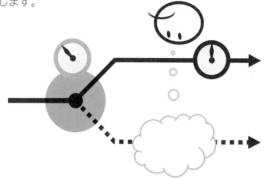

If I knew his address, I could visit him.

彼の住所を知っていたら、彼を訪問できるのに

　　　（条件節）　　　　　　　（帰結節）

　　前の「条件・仮定」では、分かれ道が「現在」にありましたが、この仮定法過去では分かれ道が過去にあります。実際には実線で示したほうに進んだのですが過去の分かれ道にさかのぼって、仮想の道に行った時のことを想像して語っているのです。

　　「あちらの道に行っていたとしたら、こういう状態になっていただろうなあ」という気持ちを表します。または「自分が別人だったら」などの全くあり得ない仮想の世界です。

　　一般的な形としてはこうです
　　条件節 **if** ＋ 動詞の過去
　　帰結節 過去助動詞（**would, could**）＋動詞の原形

単純な「条件・仮定」

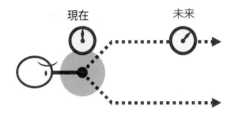

現在から、先にある
分かれ道を見ている。

仮定法過去

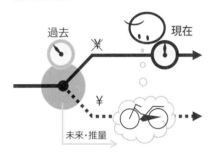

過去の分かれ道に遡
って、実際と違う仮想
の世界での「状態・状
況」を想っている。

If I had enough money, I could buy a new bike.

十分な金があったら、新しい自転車を買うのにな（実際には十分な金がない）

　この「仮定法過去」は、全部仮想の想定なので現在とは距離を置いて、条件節（**if**節）も帰結節も「過去」にする上、帰結節は「推量」なので**can**や**will**の過去の**could**や**would**が入ります。

If your mother were here, what would she say?

もし君のお母さんがここにいたら、何と言うだろう（実際にはここにいない）

If I were you, I would take that option.

私が君だったら、その選択肢を取るけどな（実際には「君」じゃない）

if節がなくてもこういう言い方もあります

I wish I could go to the party.

パーティーに行けたらいいんですけど（実際にはできない）

仮定法過去完了

　これは高校で習う項目ですが、仮定法過去の応用なので触れておきます。仮定法過去完了も、前ページの仮定法過去と同じく、実際とは違う仮想の世界を想った気持ちを表したものですが、この仮定法過去完了は、仮想の世界に行っていた場合に行ったであろう動作を語っています。

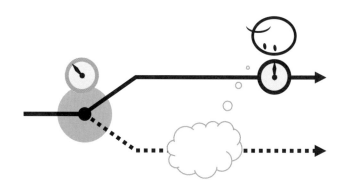

If I had left home earlier, I would have caught the train.

もっと早く家を出ていたら、その列車に乗れていたのに

　図は、現実を実線、仮想のストーリーを点線で表しています。「過去の分かれ道手前」で未来（実際には「今」）を考えます。

　「もし（あの時）分かれ道でこうしていたら、（あの時）こうなっていただろう」ということです。

　一般的な形としてはこうです。
　条件節　if＋動詞の過去完了
　帰結節　過去形助動詞（**would, could**）＋完了

条件節（if節）も完了で、帰結節も完了で、加えて帰結節には推量の**will**や**can**のような助動詞が入ります。ところがこれらはすべて仮想の想定ですから、現在との距離を置いてすべて過去にすると解釈できます。つまり、条件節は完了過去形にして主節は**would/could**＋完了形にします。

　ですから、

If you had worked harder, you would have passed your exams.

もし、もっと勉強していたら、試験に合格したのに

過去完了と同様に、**if**がない言い方もあります。

I wish I had applied for that job.

あの仕事に申し込んでおけばよかったのになあ

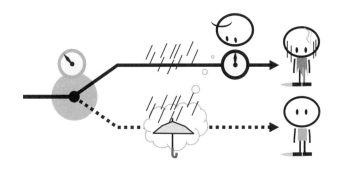

If I had had an umbrella, I wouldn't have got wet.

傘を持っていたなら、濡れてしまうことはなかったのになあ

　仮定法過去も仮定法過去完了も、直観的にスラスラと言えるようになることは容易ではないと思います。お気に入りの文章をまる覚えして、語句を置き換えて使うことで対応するのが現実的だと思います。

付録：疑問文と否定文の語順

疑問文、否定文の作り方についてまとめておきます（47ページ参照）

	平叙文
一般動詞 疑問文と否定文の動詞は原形	**You** have a dog. **She** likes sports. **They** looked fine. **You** have a hat.
be 動詞	**You** are a student. **He** is tall. **They** were swimming. **The door** was closed. **This** is a hat.
助動詞 助動詞のあとは動詞の原形（完了形のhaveのあとは過去分詞）	**You** can play tennis. **We** should do that. **He** has done it **You** can cook curry.

疑問文の作り方	否定文の作り方
Do you have a dog?	**You** don't have a dog.
Does she like sports?	**She** doesn't like sports.
Did they look fine?	**They** didn't look fine.
What do you have?	
Are you a student?	**You** aren't a student.
Is he tall?	**He** isn't tall.
Were they swimming?	**They** weren't swimming.
Was the door closed?	**The door** wasn't closed.
What is this?	
Can you play tennis?	**You** can't play tennis.
Should we do that?	**We** shouldn't do that.
Has he done it?	**He** hasn't done it.
What can you cook?	

付録

付録：someとanyの使い分け

疑問文、否定文、itの文ではanyを使い、それ以外はsomeという説明を受けます。
（44ページ参照）ここで説明をしておきます。まず教科書の説明通りの使い方から。

someや**any**は、 1）数や量をぼやかす 2）わかっているけど言う必要ない 3）なんだかよくわからないことを 　　言うときに使われます。	**some　肯定**
1）  数や量をぼやかす （いくつかの）	**I have some questions.** 質問があります（数をぼやかす） **Some people like it.** それを好きな人もいます
2）  わかっているけど言わない	**I know someone in the class.** クラスに知っている人がいます **I have something to talk about with you.** 話したいことがあります （まだ言う必要ない）
3）  なんだかよくわからない	**There is something wrong.** 何かおかしいことがある （なんだかよくわからない）

not+anyで完全否定　　疑問＋anyで「ひとつでも」

どれを取っても / 誰でも /
何でも / どこでも　ダメ

良いものもある

I don't have any questions. 質問はひとつもありません	**Do you have any questions?** 質問が（何かひとつでも）ありますか？
	If you have any questions, ... 質問が（何かひとつでも）　あれば
I don't know anyone in the class. クラスに知っている人は誰もいません	**Do you have anything to talk about with me?** 私と話すことが（何かひとつでも）ありますか？
I don't have anything to talk about with you. あなたと話すことはひとつもありません	
There isn't anything wrong. おかしいことはひとつもない	**Is there anything wrong?** おかしいことは（何かひとつでも）ありますか？

次に中学の教科書では、あまり説明
のない使い方を。

some 否定

Some are good.

Some aren't good.

notのものが「ある」

数や量をぼやかす
（いくつかの）

We have many but some aren't good.

たくさんあるけど、よくないものも
ある

※「無い」の意味ではなく、「notのものがい
くつかある」ということなのでanyにはなり
ません。

わかっているけど言わない

Actually, there is something that is not working.

実は、正常に働いていないものがあ
ります

なんだかよくわからない

Something is not working.

何かが正常に動いていない

※何だかわからないもの（some）が
not

some 疑問

ぼやかしたものについて尋ねる

any 肯定

どれを取っても / 誰でも /
何でも / どこでも

「何でも」 全肯定

Would you like something to drink?

何か飲み物はいかがですか？

※具体的でなくぼやかされてはいるものの**some**の対象には前提があって（例えば水とか）、そこには焦点がなく、**yes**か**no**かのほうに焦点があります。**yes**の答えが期待されている場合が多いです。

Any questions are welcomed.

どんな質問も歓迎されます
※「何でも**OK**」

You can choose anything.

どれでも選んでいいよ
※「どれでも**OK**」

My I ask something?

ききたいことがあるのですが
※これは「ききたいこと」に前提がある上で**yes/no**を尋ねています。

May I ask anything?

何でもきいていい？

※これは**yes/no**よりも**any**に焦点があるので、全肯定かどうかの疑問「何でもきいていい？」の意味になります。

索 引

※色付きの太い字は、複数記載されている中で最もよく説明されているページです。

おわりに

　最後までお読みいただき、ありがとうございました。

　生徒さんたちにuniqueという単語の意味を尋ねると、「『面白い』という意味？」と答える方がかなりいらっしゃいます。もちろん英語のuniqueは「比類ない」「唯一の」といった意味ですが、日本語の「ユニーク」にはどうも「面白い」というような意味が含まれているようです。

　この本を作るに当たり、funでときどきfunnyで、しかもinterestingであるというような、自分にしかできないuniqueなものにしたいと考えていました。日本語で表現するならこの本は「ユニーク」のひとことで済むような気がします。多くの方に「面白い」と思っていただき、この先の学習に活かしていただければと思います。

　図解化や説明の仕方の発想は、生徒の方々からいただく要望や様々な質問をきっかけに生まれます。答えるのが難しい質問や素朴な疑問をくださる、私にとって大切な生徒の皆さんに感謝いたします。また、草稿の段階でフィードバックをくださった松澤喜好先生に、そして監修を引き受けてくださった中井翔先生に深く感謝いたします。最後に、いろいろなこだわりやわがままをきき入れてくださった青春出版社の編集の野島様、出だしから応援してくださった営業の栗生様、形にしてくださったDTPやデザイン作業の方々に感謝申し上げます。

2021年10月　すずきひろし

監修のことば

　本書を監修させていただく中で、著者すずきひろし先生の学習者への熱い思いがひしひしと伝わってきました。それは、著者オリジナルの親しみを感じるイラストや例え話がふんだんに盛り込まれ、学習者が迷子にならないよう単元同士が有機的に結びつくよう工夫されているところから感じ取ることができます。混沌（こんとん）とした知識の点同士が互いにつながり始めたとき、初めて学びが定着し、それが「運用力」に発展していきます。本書の監修者として、著者の敬服に値する創造性（creativity）と情熱（passion）を身近に感じさせていただけたことを光栄に思います。また、私自身がそうであるように、英語教育に携わる方々にとっても、本書を通して文法指導へのヒントを多く得られたのではないでしょうか。

2021年10月　中井翔

著者・監修者紹介

すずきひろし 英語講師、英語教材開発者、イラストレーター。英語の文法や単語の意味をイラストによってわかりやすく明示化することを得意とする。神奈川県の相模大野に開いた「おとなのための英語塾」やカルチャーセンターでの初歩の英語などの講座を通じ、生涯学習を支援する。共著に『英単語の語源図鑑』（かんき出版）、著書に『やさしい英単語の相性図鑑』（ソシム）などがある。

中井翔 京都産業大学英語講師。米国コンコルド大学卒業。テンプル大学大学院ジャパンキャンパス英語教育学(TESOL)修士課程修了。TOEIC 990点（満点）取得。2007年より英語教育に携わり、多くの高校、大学、企業にて教鞭をとり人気英語講師として定評がある。

英語（えいご）ぎらいもコレならわかる！

英文法（えいぶんぽう）の解剖図鑑（かいぼうずかん）

2021年10月25日 第1刷

著　　者	すずきひろし	
監　修　者	中井（なかい）　翔（しょう）	
発　行　者	小澤源太郎	

責任編集　株式会社 **プライム涌光**
電話 編集部 03(3203)2850

発　行　所　株式会社 **青春出版社**
東京都新宿区若松町12番1号 〒162-0056
振替番号 00190-7-98602
電話 営業部 03(3207)1916

印刷 三松堂　製本 フォーネット社

万一、落丁、乱丁がありました節は、お取りかえします。
ISBN978-4-413-23225-8 C2082
© Hiroshi Suzuki, Sho Nakai 2021 Printed in Japan